Official MENSA® Puzzle Book

EASY-TO-HARD MENSA® SUDOKU

FRANK LONGO

STERLING
New York / London
www.sterlingpublishing.com

4 6 8 10 9 7 5 3

Published by Sterling Publishing Co., Inc.
387 Park Avenue South, New York, NY 10016

Distributed in Canada by Sterling Publishing
c/o Canadian Manda Group, 165 Dufferin Street
Toronto, Ontario, Canada M6K 3H6
Distributed in the United Kingdom by GMC Distribution Services
Castle Place, 166 High Street, Lewes, East Sussex, England BN7 1XU
Distributed in Australia by Capricorn Link (Australia) Pty. Ltd.
P.O. Box 704, Windsor, NSW 2756, Australia

Manufactured in the United States of America

Sterling ISBN-13: 978-1-4027-4651-2
ISBN-10: 1-4027-4651-2

For information about custom editions, special sales, premium and corporate purchases, please contact Sterling Special Sales Department at 800-805-5489 or specialsales@sterlingpub.com.

CONTENTS

Introduction
5

Puzzles
7

Answers
274

INTRODUCTION

To solve sudoku puzzles, all you need to know is this one simple rule:

> **Fill in the boxes so that the nine rows, the nine columns, and the nine 3×3 sections all contain every digit from 1 to 9.**

	A	B	C	D	E	F	G	H	I
J									
K					2		1	8	4
L	9		5		7		2		6
M	1		4	3	9	2		7	
N				7		6			
O		7		1	4	8	9		2
P	3		2		6		8		5
Q	8	4	9		3				
R									

And that's all there is to it! Using this simple rule, let's see how far we get on this sample puzzle at right. (The letters at the top and left edges of the puzzle are for reference only; you won't see them in the regular puzzles.)

The first number that can be filled in is an obvious one: box EN is the only blank box in the center 3×3 section, and all the digits 1 through 9 are represented except for 5. EN must be 5.

The next box is a little trickier to discover. Consider the upper left 3×3 section of the puzzle. Where can a 4 go? It can't go in AK, BK, or CK because row K already has a 4 at IK. It can't go in BJ or BL because column B already has a 4 at BQ. It can't go in CJ because column C already has a 4 at CM. So it must go in AJ.

Another box in that same section that can now be filled is BJ. A 2 can't go in AK, BK, or CK due to the 2 at EK. The 2 at GL rules out a 2 at BL. And the 2 at CP means that a 2 can't go in CJ. So BJ must contain the 2. It is worth noting that this 2 couldn't have been placed without the 4 at AJ in place. Many of the puzzles rely on this type of steppingstone behavior.

We now have a grid as shown.

	A	B	C	D	E	F	G	H	I
J	4	2							
K					2		1	8	4
L	9		5		7		2		6
M	1		4	3	9	2		7	
N				7	5	6			
O		7		1	4	8	9		2
P	3		2		6		8		5
Q	8	4	9		3				
R									

Let's examine column A. There are four blank boxes in column A; in which blank box must the 2 be placed? It can't be AK because of the 2 in EK (and the 2 in BJ). It can't be AO because of the 2 in IO. It can't be AR because of the 2 in CP. Thus, it must be AN that has the 2.

By the 9's in AL, EM, and CQ, box BN must be 9. Do you see how?

We can now determine the value for box IM. Looking at row M and then column I, we find all the digits 1 through 9 are represented but 8. IM must be 8.

This brief example of some of the techniques leaves us with the grid at right.

You should now be able to use what you learned to fill in CN followed by BL, then HL followed by DL and FL.

As you keep going through this puzzle, you'll find it gets easier as you fill in more. And as you keep working through the puzzles in this book, you'll find it gets easier and more fun each time. The final answer is shown below.

	A	B	C	D	E	F	G	H	I
J	4	2							
K					2		1	8	4
L	9		5		7		2		6
M	1		4	3	9	2		7	8
N	2	9		7	5	6			
O		7		1	4	8	9		2
P	3		2		6		8		5
Q	8	4	9		3				
R									

This book consists of 534 puzzles that start out easy and get harder as you go. The difficulty levels divide as follows:

1–150: Beginner
151–300: Easy
301–450: Medium
451–500: Hard
501–534: Expert

—Frank Longo

	A	B	C	D	E	F	G	H	I
J	4	2	1	6	8	3	5	9	7
K	7	3	6	5	2	9	1	8	4
L	9	8	5	4	7	1	2	3	6
M	1	5	4	3	9	2	6	7	8
N	2	9	8	7	5	6	4	1	3
O	6	7	3	1	4	8	9	5	2
P	3	1	2	9	6	7	8	4	5
Q	8	4	9	2	3	5	7	6	1
R	5	6	7	8	1	4	3	2	9

1

3	2	7	1	5	8	9	4	6
6	4	9	7	2	3	8	1	5
5	8	1	9	4	6	7	2	3
1	9	3	2	6	7	5	8	4
2	7	6	4	8	5	3	9	1
4	5	8	3	9	1	6	7	2
8	6	4	5	1	9	2	3	7
9	3	2	6	7	4	1	5	8
7	1	5	8	3	2	4	6	9

2

3	4	1	8	5	6	7	2	9
8	9	6	1	7	2	4	3	5
2	7	5	3	9	4	6	8	1
9	3	8	4	6	1	2	5	7
5	6	7	2	3	9	1	4	8
1	2	4	5	8	7	9	6	3
6	8	2	9	1	3	5	7	4
7	5	9	6	4	8	3	1	2
4	1	3	7	2	5	8	6	9

3

9	3	4	1	5	8	6	7	2
2	1	5	7	9	6	8	3	4
8	6	7	3	2	4	1	5	9
4	2	8	6	3	7	9	1	5
7	5	1	9	8	2	4	6	3
3	9	6	4	1	5	7	2	8
6	4	2	8	7	3	5	9	1
5	8	9	2	6	1	3	4	7
1	7	3	5	4	9	2	8	6

4

9	4	1	8	3	6	5	7	2
7	3	5	4	9	2	6	1	8
2	6	8	5	7	1	3	4	9
1	9	6	7	2	8	4	3	5
4	2	3	9	1	5	8	6	7
8	5	7	6	4	3	2	9	1
6	7	2	1	8	4	9	5	3
3	1	4	2	5	9	7	8	6
5	8	9	3	6	7	1	2	4

5

3	2		9			1	7	
4	8	1		2				
7			3	5				
			5			7		
	7						9	
		6			8			
				3	2			7
				9		3	8	5
	9	3			5		2	1

6

		2			8			7
1		8			5			
9		5					6	2
	8			9			1	
			7	8	2			
	6			1			2	
7	2					5		6
			4			9		3
3			8			2		

7

	9		3					1
				5	2		8	3
	8	4		6		2		
8						1		2
			4		5			
1		9						7
		7		8		9	3	
2	6		7	9				
9					6		2	

8

			6		1		8	
		1		2			3	
	3		4			7		2
6			7				2	
3				8				4
	2				6			7
8		5			9		7	
	6			7		1		
	1		2		5			

9

1				4		3		
	3	8		6				
	9	6	7				5	
8					4	9		
3			1		5			7
		9	2					4
	1				8	5	7	
				5		8	2	
		2		3				1

10

	2		9	1				6
		3		8				9
	4	5				8		
6	1	9						
		2	1		3	6		
						4	2	1
		1				3	5	
8				2		9		
3				9	8		6	

11

			6	7			9	4
	9	6		3				
4		2	9			8		
2	3		5					
		4				1		
					8		4	5
		9			1	6		8
				8		2	1	
3	1			9	6			

12

	8	7	5		9			
		3				4	7	
			3	8				6
4					2		3	
3				9				7
	9		8					5
1				5	6			
	3	4				7		
			7		4	9	5	

13

	9	1			8			
4	8	7						
	6		3			4	9	
			8	5		2		
9				6				5
		3		4	7			
	7	9			6		5	
						8	2	3
			5			9	7	

14

2			5				6	3
	9			2			5	
				8	9			1
		7	2			3		8
		2				6		
3		6			8	5		
6			1	7				
	8			5			3	
1	2				6			4

15

4		6				2		9
		9		7	5			
	5		4		9			
	9	3					6	
	2		8		3		4	
	4					8	9	
			7		1		2	
			3	5		6		
1		7				4		5

16

					3		5	1
			6			7		8
	5			2		4	3	
4		8	3					
		2		7		1		
					9	6		3
	3	6		5			2	
5		4			6			
8	1		7					

17

1				9	6			
	9					3		2
7			2		1			
9		1	4			8		
	7	8				4	9	
		3			9	6		7
			9		4			3
4		9					8	
			8	6				4

18

	1	4			2			8
						7	4	9
				3	4	2		
	7				3			5
2				5				1
1			2				9	
		1	9	8				
5	9	2						
4			5			9	6	

19

1		5				4		
				2	7			5
	8		5				1	
4						8	3	
3			2	4	8			1
	5	7						4
	4				5		9	
9			3	1				
		3				6		7

20

	4			7				9
7			6		1			
	3	2						4
					3	1	2	
	9	3	1		7	5	8	
	7	1	5					
8						3	4	
			7		8			2
9				3			5	

21

		8	4	2			7	
			7				8	6
5	4				9			1
2	8			7				
		1				7		
				1			5	4
6			3				1	5
8	1				2			
	5			4	8	6		

22

3					4		6	
4			1				2	
		9		3	5			
9		4		7		2		
6	1						5	8
		5		8		6		9
			4	6		1		
	4				3			2
	2		7					6

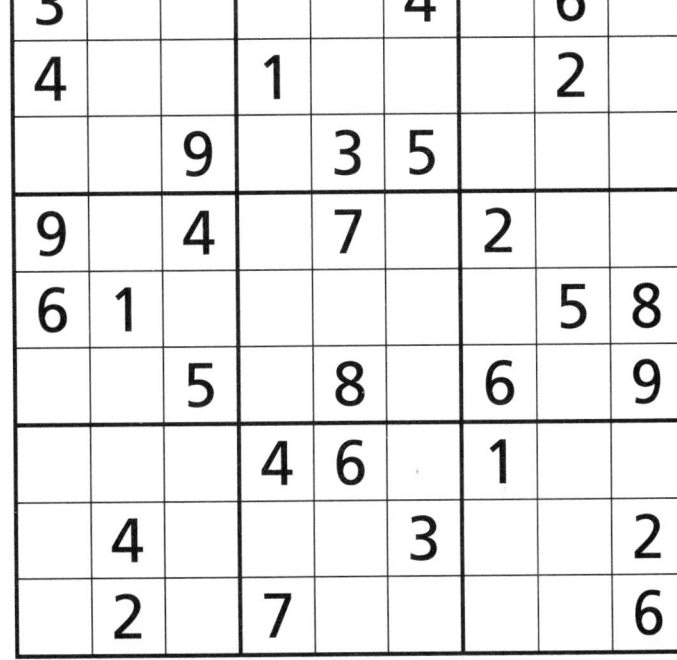

2-3

		2	3	7				
	5	4	2					3
6					5		2	
	7	5				2	8	
8								4
	3	1				7	5	
	2		9					5
3					6	9	7	
				8	1	6		

2-4

6		5			8			
8		9		3	5			
		1	6				7	
		7			1		3	
1	6						2	5
	4		3			1		
	1				3	4		
			9	8		3		2
			4			8		7

25

			6				3	2
5	6			9				
			2	5				6
		6			1	7		
	7	1				6	4	
		5	3			8		
1				3	5			
				8			1	7
7	9				4			

26

		5	6			3	9	
1	3					2		
	4			9	3			
9			5					3
8				6				5
5					1			4
			3	1			5	
		6					1	7
	5	1			8	6		

27

1		7	9					
			7				5	8
	8			1		2		
4			1				9	3
		3		9		6		
2	7				4			5
		5		7			4	
7	2				9			
					8	9		7

28

5	2			6				
9			5			8		
			7	1		9		
	8					2		5
	7		9		6		8	
1		6					4	
		8		4	5			
		5			8			2
				2			1	8

29

9				3			6	
	8	2			1			
		4	7			3	2	
8			3				9	
2		6				4		8
	7				6			2
	9	8			2	5		
			5			2	7	
	2			9				4

30

		8	9			1		2
5			1				7	
3	4		6					
				6			8	1
	8	7				9	6	
1	2			8				
					5		9	3
	1				3			6
2		9			6	5		

31

		6	2	8				3
8		2					7	
3					4		1	
			8	7		6		
	8			1			3	
		5		4	2			
	4		7					2
	7					5		1
1				6	3	8		

32

2	9			5				
	5		3		7	9		
7						4	2	
			9	6		1		
1	4						6	2
		5		4	2			
	1	7						9
		4	7		6		8	
				8			3	4

33

		6	4				2	5
5		4		2				
			8			3	9	
	4		2				5	
1			6		3			7
	7				4		6	
	3	7			6			
				3		1		2
9	5				2	4		

34

1	5	7					2	
		3	2	5				
						1	6	5
2					4	6		
8			7		2			9
		1	8					7
7	3	6						
				2	7	4		
	9					5	7	8

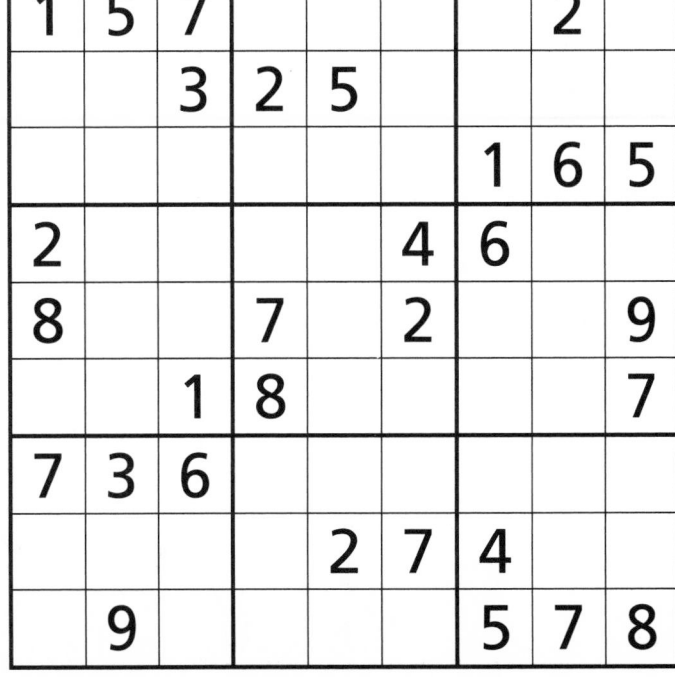

3
5

		6		3			9	
9		3	8	6				
5			1				7	
8		4					6	
		7	6		8	5		
	3					8		1
	9				2			6
				8	3	1		2
	2			5		3		

3
6

				9		5		7
	1	7	6					
			1				4	2
	3	9			6			5
4			8		2			9
8			5			4	7	
6	2				1			
					3	1	8	
1		4		6				

37

	7	2			8	4	3	
				3	4		7	
1			7	2				
						2		8
2				6				7
3		7						
				8	1			5
	2		3	9				
	4	1	6			7	8	

38

		3	2		6		1	
8		7					6	
5						3		4
	3		9	8				
9		4				7		3
				3	4		9	
2		9						8
	1					2		9
	8		7		2	4		

39

		4	6	1				
1						4	3	
	2			8				1
	1	8			5		6	
5			8		1			4
	4		2			8	1	
7				2			4	
	9	3						6
				4	8	9		

40

	7	3	1					
				3		6	9	5
		5	6					
8					6		4	2
	3			4			1	
9	2		5					7
					3	8		
3	8	7		5				
					2	4	7	

41

5	7			9			8	
8		3		2				
		9	5		4			
		6	4				5	
3	5						9	7
	1				6	3		
			8		2	1		
				6		9		8
	8			3			7	4

42

1					8	2		
8		5					3	
	7		6	5		1		
				8			4	6
4			2		9			8
3	5			6				
		7		2	5		6	
	8					5		7
		2	7					1

4
3

	5	2			8			
			1	5	4			
		1				4		5
5		7					1	3
	2			3			4	
3	1					6		9
7		5				1		
			9	7	2			
			4			3	8	

4
4

1	9	3						
				6		3		7
		8	3				2	
	5		6	7				
3	4		1		2		7	5
				3	4		1	
	7				3	1		
4		2		9				
						4	6	8

45

3	7			2				
	8	6		7	5	3		
2					3		7	
			7			8		6
	2						1	
8		7			9			
	6		4					8
		8	3	1		9	2	
				5			6	7

46

7		4		1	9			
	9	5				6		
			3		5			8
	5			2				
2	4	7				1	6	5
				6			9	
6			2		8			
		1				4	8	
			9	5		2		6

47

	2							
7	3	4						1
		1	7		3			2
		5		3	8	9	4	
				6				
	6	9	4	5		1		
6			9		5	3		
2						4	8	5
							6	

48

		8			5		7	2
3		5	7					
	2		6	1			5	
				9			6	
		6		8		4		
	5			6				
	9			5	3		1	
					6	3		7
1	3		2			6		

49

	2				8	6		
	5			7	1			
		8					1	7
4			1			2		8
			7	9	5			
7		1			4			9
8	6					4		
			2	8			5	
		2	3				9	

50

3			5		1			
2				6			4	7
		6		7			1	
8					4	9		
	4	7				1	2	
		9	7					8
	6			3		2		
7	9			2				4
			1		8			9

51

4		6		2				
	7	1				3	6	
			9	6	1			
					3			2
1	8						9	7
9			5					
			8	1	6			
	2	5				9	1	
				5		7		3

52

		7		4	3			
	4	9	5	8			3	
3								1
2					1		6	
		3				9		
	7		4					5
9								7
	6			5	2	3	9	
			9	1		2		

53

1					2			6
	5	2		4	6			
		7	9	1				
	3	1				4	7	
			1		5			
	7	5				6	2	
				6	1	3		
			4	3		5	1	
4			8					2

54

		3			8	2		6
				6				
	6				9		7	3
	9	6						
5	3	4	7		1	6	9	2
						4	5	
6	2		9				4	
				1				
7		5	6			1		

5
5

	4			2	3		7	
7		2				9		
5	6				4			
			5			2		4
		4		1		8		
2		6			8			
			6				8	2
		3				1		6
	2		9	4			5	

5
6

9	5				7	8		
	1	7			2			
				8		1		
6			7			4		3
2								7
3		5			8			1
		9		5				
			1			2	9	
		8	9				5	6

57

		8			9			
7				1				8
	4	2	5					7
	8		6			2		3
	9		2		3		5	
2		6			8		9	
1					5	3	8	
6				2				9
			4			5		

58

7	5		8					
2		8	7	1				
				6		9		7
	1	5			4			
		4				2		
			1			6	5	
4		2		9				
				2	8	1		6
					5		4	2

59

				1			5	4
			6			8		
	9	5				2		6
	4		5		1	6		
5				2				9
		1	4		9		2	
2		9				3	1	
		3			8			
8	6			5				

60

		7	2					
					1			8
		6			8	9	3	5
9				5	2		8	
	8						1	
	7		8	6				4
2	4	8	9			7		
3			7					
					6	8		

61

		1	2				4	
3		5		9				7
			3	5				6
	9	7					1	2
6								8
5	1					4	9	
7				6	5			
1				4		8		9
	3				9	7		

62

	1						9	2
	7	2						6
8			2		3			
	6				8	4		7
	9			5			6	
2		1	7				5	
			4		5			8
7						1	4	
6	4						7	

6
3

9				4				
	4			9			7	3
2		5		8	1	6		
3		2					9	
			4		9			
	9					7		8
		7	9	3		1		6
4	2			1			3	
				2				7

6
4

	8	6				1		
		9			7		2	8
2		1			9	4		
	2		3	5				
9								5
				1	2		4	
		2	6			3		1
1	7		2			6		
		4				8	5	

65

	5						9	
3			2			8		7
	9	2		7				4
		5			2			
4		3		5		2		8
			3			1		
5				3		9	6	
8		9			4			5
	7						8	

66

2			7		5			
		3					9	
	5		1			4		2
				3	6	8		
5		6				3		7
		1	2	5				
7		2			8		5	
	4					2		
			4		1			3

67

7					5			
	1	9				2		
				7	3		5	
	2	8		5				6
	5	7				9	2	
1				6		5	4	
	7		9	1				
		4				3	9	
			3					5

68

	3	9				4		6
				9		3	1	
4		7		2				
	2				3			
1		8	5		7	6		2
			9				5	
				3		7		1
	5	3		8				
6		1				5	8	

7
3

	8	9	1					
	5			8			6	1
6					4		3	
2			8	7				
		8				1		
				3	5			4
	9		2					6
5	2			4			8	
					7	2	5	

7
4

				4	7			1
		6			2	4	7	
		5		1			9	2
				2		1	8	
5								9
	1	4		5				
8	9			3		6		
	2	1	4			3		
4			1	7				

75

	1				6		8	
7		8				6		1
3				2				
		7	6	9			3	
4			7		5			9
	9			1	2	7		
				3				2
1		3				8		5
	2		8				7	

76

			6	9	5		7	
					1	8		5
		7		8			9	
1	5			4			6	
8								9
	7			6			2	1
	6			3		2		
7		5	8					
	2		7	1	4			

77

3			5		1	7		
	8			2				1
1	7	2	8					
			7				6	5
		9				1		
7	1				5			
					8	5	9	6
9				5			7	
		6	3		9			2

78

	9		7					
	6				8			5
2		5					6	4
7			8	3	4			
		4		9		3		
			2	6	7			8
5	4					8		1
6			1				4	
					9		5	

79

	2		4			8	9	
9	8		1					6
		5		9				
2			7		9	5		
			6		1			
		1	8		3			4
				3		1		
3					6		2	5
	5	8			4		3	

80

3		4	8					
		5			7	6	9	
	9	7		2				
	4		3				5	
	3			1			7	
	1				5		4	
				5		1	3	
	7	1	2			5		
					6	4		7

81

	9					5	7	
	6			3				9
2	4			5				
5		6			3			
		1	8	6	7	2		
			1			3		7
				1			5	4
3				2			9	
	5	8					3	

82

			7			1	8	6
7	3		6					
		1			9		7	
				7		8		2
	7		9		1		4	
1		8		2				
	8		1			4		
					2		6	8
3	2	7			4			

8
3

2	1					9		
	7	5	2		8			
	4	9		1		7		
	8	7	5					
	3						7	
					1	6	3	
		2		7		1	4	
			9		4	5	8	
		8					6	7

8
4

	2				8	1		
				6				2
	3			4	7		8	6
		5				4		1
9				7				8
7		2				9		
6	8		7	9			1	
2				3				
		7	6				5	

85

			9			5	7	
		9				3		8
7			2	8		4		
	7	2	4					
1			8		2			7
					5	2	6	
		6		1	8			9
9		7				6		
	2	3			6			

86

	2		3	1	9			
	7				4		6	
		4		6		8		9
7								4
		5		2		7		
6								8
4		1		9		3		
	3		8				5	
			2	3	5		4	

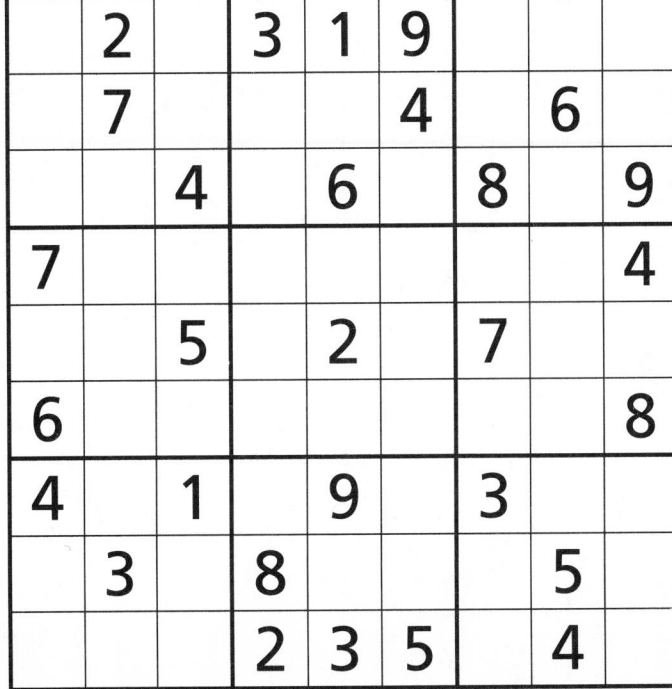

87

	3			8	6	7		
					7	2		9
					2		4	3
		7			4		2	
5	4						7	1
	6		7			9		
3	2		5					
1		6	9					
		8	2	4			5	

88

8	6		3			2	7	5
	2				5		1	
5		4						
	4			8			6	
		6				3		
	7			1			4	
						6		1
	8		1				2	
2	1	5			7		8	4

89

	4					1	6	
		9			3	8	5	
8				5				4
	7				5	3		
9	6						2	5
		1	4				7	
4				1				6
	5	8	6			9		
	2	6					4	

90

	2	1	7	6		5	8	
3				8				
8	7							
1				2		4		
		5	3		9	2		
		8		5				3
							9	5
				9				7
	1	9		4	7	6	3	

9
1

	4	7			9			
	2					7		6
			7	3				2
			5		2			1
		4				6		
1			6		4			
4				7	1			
9		6					5	
			2			1	9	

9
2

			1			5	7	4
			5	9	3			
8						9		
	3		8			2	1	
	7						6	
	6	8			4		5	
		5						3
			7	8	9			
7	2	9			6			

93

					9	4	1	6
					4	9		3
	6		2	3				
	7					5	6	4
				8				
9	2	3					8	
				9	8		5	
3		8	6					
6	9	7	4					

94

				2		5		3
	2	6					8	
			9	8			6	
		8		4	9			7
6		1				2		4
5			7	6		1		
	4			7	6			
	6					3	4	
8		5		3				

9
5

		9	2				1	
	2			5				4
				1		8		7
			3	8				1
	7		1		9		3	
6				7	2			
3		5		2				
7				3			9	
	6				8	7		

9
6

			9	6				8
7		3						
4	6	9		7			3	
			4			5	1	6
				2				
9	1	7			6			
	3			8		7	2	5
						8		3
8				4	2			

97

5		1	6		7		4	
	9							
				9			2	7
	3	2	4	8				5
		6				2		
9				6	2	4	7	
8	1			7				
							5	
	6		5		3	7		2

98

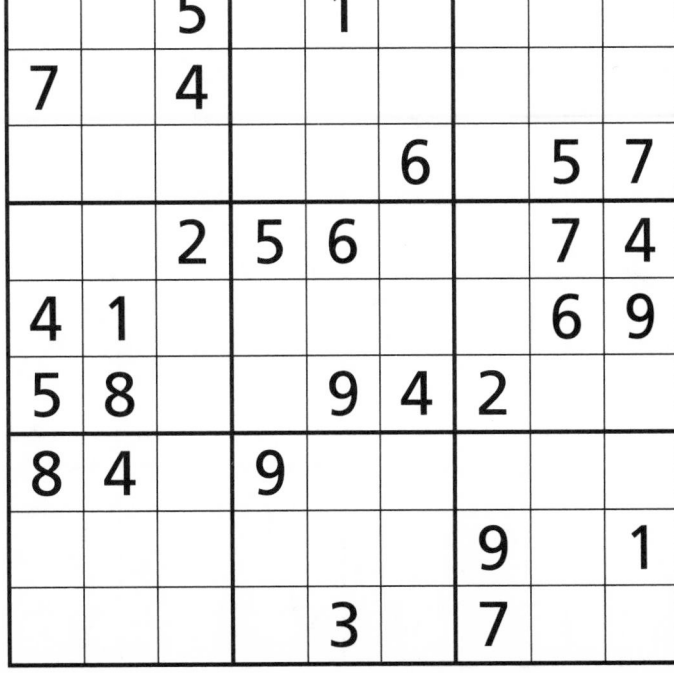

		5		1				
7		4						
					6		5	7
		2	5	6			7	4
4	1						6	9
5	8			9	4	2		
8	4		9					
						9		1
				3		7		

99

		3			6	4		8
	6	5			8			7
	1	4		5				
3	5							
			6	8	7			
							1	9
				4		6	7	
1			8			2	9	
2		7	9			3		

100

		2		8	9			
1	5		3				4	
		3	1		5		8	2
9				3				
		7				4		
				9				5
5	4		6		3	8		
	3				2		6	7
			8	5		9		

101

			9				1	
	1	9						3
	4			6			7	
2				3				1
	9		1		5		6	
8				4				9
	5			1			3	
6						1	5	
	8				3			

102

2		7						1
	5				1	8		3
			5				6	
	9	4		2				
3								2
				9		4	5	
	3				9			
1		6	7				2	
9						7		8

103

1		8				5	7	
	7							2
3					2	8		
			6		1	7	4	
	8						5	
	4	5	3		7			
		3	2					7
2							6	
	6	7				9		4

104

	5				7			
							4	9
		4		3	1	7		8
3	4							
9	6						8	3
							9	7
8		1	4	2		6		
2	9							
			6				3	

105

			3	1	9			4
							2	
7	6					3		
2				3		4		8
		5				7		
4		6		9				3
		1					5	9
	2							
3			5	2	7			

106

	1	5						8
					3		7	
	7		2			3		4
4						6	5	
		8		2		7		
	6	7						2
7		3			8		9	
	5		3					
8						1	4	

107

7			6		9	8		
8				7	1		4	
4			8			2		
		3		1				
	5						7	
				6		3		
		7			6			3
	2		1	5				6
		4	3		7			1

108

		9						1
1	3			4			5	
			1	3	5	4		
6	1				9			
7								9
			3				2	6
		6	7	5	8			
	9			6			7	5
4						3		

109

6			5		7		3	9
						7		
		7		4			1	
				7		2		4
		3	9		8	5		
2		9		6				
	1			5		9		
		6						
4	5		8		3			1

110

	8		2	7	3			1
			5	1				7
		4	6			3		
7				6		5		
6								4
		9		8				3
		2			7	9		
8				2	5			
5			8	3	6		7	

111

			5					
	7	8		1				9
2		1	8			6		
	6		4				9	1
8								5
7	9				3		4	
		3			4	7		8
1				8		9	2	
					1			

112

	3	2		8			4	
4					2		8	
6		8			4	1		
	4			9		5		
8								3
		7		2			1	
		4	9			2		1
	1		6					5
	8			3		7	6	

113

7				4		3	1	8
3		6						
			5	1				
			3		1	5		2
		2		9		7		
5		9	2		4			
				3	7			
						8		9
9	4	3		8				7

114

3						2		6
	2	5		3	8		9	
7					4			
	8	1						7
				2				
4						1	6	
			6					1
	4		7	5		6	2	
9		2						5

115

			5					9
			9	6		5		
		9	8		3		2	
			2			1		5
7	8						4	2
1		2			5			
	6		1		4	7		
		7		3	9			
3					2			

116

4	8				7	3		
	3	9		6	2		5	8
				1				
	6						4	
		5				8		
	4						7	
				7				
3	5		6	4		9	1	
		1	9				6	7

117

	6			1	9			5
	8	1						
	4	5		6			3	9
			5		2			
	3	9				2	1	
			7		1			
3	5			2		7	8	
						3	5	
6			8	5			9	

118

						2		1
5		4			1			
7	8		6				9	
2	3		7					9
	9		3		6		7	
4					8		6	3
	5				3		1	6
			1			7		5
6		3						

119

					5			
		1				3		
	2	5		9		6		
5		7		1				6
4			5		6			3
6				2		4		9
		3		6		1	2	
		4				5		
			7					

120

	7				6			3
		9	3					
		3	1	7	9			5
2	8				4			
6				8				1
			2				6	4
7			8	1	3	5		
					5	3		
5			9				4	

1
2
1

		4					7	
5					6	4		3
3				5				
	3				5		2	
4		5		3		7		8
	2		9				6	
				6				9
8		9	4					2
	4					6		

1
2
2

	6	2	7	9			1	
	8					9		
9			4					
	9					3	4	1
		4		5		6		
7	3	1					5	
					6			8
		6					2	
	7			2	4	1	9	

1
2
3

	4			7				1
					9	4	5	
		7	4		6			
		5		3			9	
3			8		7			5
	9			2		1		
			7		1	9		
	6	8	9					
9				8			6	

1
2
4

			9			1	6	3
8	9							2
7			5		3			
		6	3				2	
1								4
	5				4	3		
			4		1			7
9							4	6
6	4	2			5			

1
2
5

1	9			3		6		
			5			4		
		8	6					2
							2	5
	1			9			6	
3	6							
4					2	9		
		5			6			
		3		4			8	7

1
2
6

	3		7	2				
	6	9		3		4		2
1					8	7		
3	1				6			
				1				
			4				3	7
		3	1					5
8		4		5		3	6	
				6	7		2	

1
2
7

9					4		1	
	2				8	5		
8			1		5	9	7	
				4			9	
		4				3		
	7			8				
	9	2	4		6			1
		1	8				3	
	5		7					2

1
2
8

	6					9		5
3			7		2	6		4
					4	7		
								2
6	8	2				4	1	9
1								
		6	4					
9		1	6		3			8
8		7					5	

129

5	1	3						
	2			5		6	3	
	6				1			
			8			2		
2		8		3		7		5
		9			5			
			4				7	
	7	6		8			1	
						3	5	8

130

		7			2			9
			7				3	2
2		9		3			7	
8	2				1		6	
	6		5				2	8
	9			2		3		6
7	4				5			
5			8			9		

131

		5			4		8	
			3			5		
4			5	8			2	
6		7				3	9	
5				4				2
	8	1				6		7
	1			6	3			8
		2			9			
	5		1			7		

132

		6	7	2				
						8	3	
				4	6			9
		3	9				1	
	6	7	3		1	9	8	
	9				7	6		
7			6	1				
	1	9						
				7	8	4		

1
3
3

1								5
5		4			9	3		7
6		9		8	3			
	1				7			
	8			1			3	
			2				7	
			3	7		2		6
3		5	6			7		4
7								3

1
3
4

	8	2				3		
4			3	5		1		
7			9				5	
	5		8				1	
1								9
	3				2		4	
	9				7			1
		7		1	6			2
		1				8	7	

1
3
5

		5	8			7		
	6		9		3			8
3	7	8		6				
		7		3				1
				5				
1				4		9		
				2		3	6	7
7			6		4		1	
		2			7	4		

1
3
6

		4	2			8	6	3
				6				9
5	8							
		5	9	2				
	2	3	4		6	7	9	
				7	3	4		
							3	8
6				9				
9	3	7			2	6		

1 3 7

5			8	4		6		
			5					9
	7		9			3	8	
1		9						7
2						4		8
	1	4			8		2	
9					3			
		2		7	1			6

1 3 8

5	6	7					9	
3								1
		9	2			3		
6				4		5	3	8
			5		2			
8	4	5		3				9
		4			9	1		
1								7
	3					8	4	5

139

	2							
1	7	9						
6		3		7		2	4	
	1	2	7		6			
			5	8	3			
			2		1	9	8	
	3	7		6		1		5
						4	7	8
							2	

140

	2				6			4
		1		5		3		
					1		5	
	4			9	5			
	7	5				4	1	
			7	1			9	
	9		3					
		8		7		2		
4			5				8	

141

				3				5
2					5		4	
5	6				9		7	
8		2			7			9
			3		6			
4			5			2		3
	2		9				5	6
	8		2					4
7				6				

142

		3	1	7	6			
	5			8	3		1	
			5				3	
						3	5	
9		7				2		4
	3	4						
	2				4			
	6		2	9			4	
			3	1	8	7		

143

			4				3	
		4			5	9		
9							6	8
	1	8		4	6		2	3
3	4		2	1		6	9	
1	9							2
		2	8			3		
	8				4			

144

	9	5				1		
	6			2			5	7
			3		4			
					6		9	
1	2		7		8		3	6
	3		2					
			4		2			
3	7			9			8	
		2				9	1	

1
4
5

					9			
9	7		8		6			
	4		7	1	5		8	
4						8	2	
	8	2				6	3	
	6	1						9
	5		4	3	8		9	
			2		7		5	4
			9					

1
4
6

8		7				4		
			1			9		2
	9	3					5	
			3	7				1
	5		6		1		7	
7				2	8			
	7					6	3	
1		5			4			
		6				8		5

1 4 7

6	8	2	1	4	5	3	7	9
1	5	7	8	9	3	6	4	2
3	9	4	7	2	6	5	1	8
8	3	1	4	7	2	9	6	5
9	7	6	5	3	1	8	2	4
4	2	5	9	6	8	1	3	7
7	4	3	6	5	9	2	8	1
2	1	9	3	8	4	7	5	6
5	6	8	2	1	7	4	9	3

1 4 8

	4	6	9	2		7		
			7			1		
5		3						6
		1	4					9
6								2
3					1	5		
9						2		5
		5			7			
		2		8	5	6	9	

149

2		6				8		
4	5	8	9			2		
								3
3				2			6	9
			5		3			
1	9			6				2
8								
		1			2	9	8	7
		2				1		5

150

3	1	8						2
		9						
		6	3				4	9
							7	3
6		3	7		5	1		8
9	7							
1	3				4	5		
						9		
2						4	8	1

151

					8	1		
		7		2				
5	6			9	3			7
							6	
4	8	6				9	1	2
	3							
7			1	4			2	5
				7		3		
		4	3					

152

3		5		9	2		8	
		4	5		8			2
8				3				
							1	7
	3		7		1		9	
1	9							
				1				8
5			3		6	1		
	7		8	4		6		3

153

8				3			4	
		3		4	9			
7					5			6
	2	7						
		4	6		3	8		
						6	9	
5			1					8
			4	6		5		
	7			5				2

154

9	7			4			3	
4						7		
5			9	2				6
2							5	4
			1		5			
6	5							1
1				8	2			9
		9						7
	8			1			6	2

155

1		8	3				2	9
	9			4		6		8
		4			8			
2	4				1			
				7				
			6				4	7
			7			5		
3		1		2			8	
4	7				5	3		2

156

		4		9	1			
	9		5	7				
		6					5	
		1			4	9	3	
	6			2			8	
	3	2	1			7		
	7					3		
				1	3		7	
			6	5		1		

157

		7		8			5	3
					3			
		3	6			8		
	2			3		9	7	
		1	2		9	5		
	7	9		6			4	
		2			6	3		
			1					
5	8			2		4		

158

	7			8				
		9		1		8		6
			4		5	7		
9			1			2		
3			9		8			5
		1			6			8
		3	2		4			
5		2		9		3		
				7			6	

159

	4			1	6	2	5	
						1		3
1		3						
		8			9		2	
5	1		6		2		3	4
	7		8			5		
						6		8
7		5						
	2	6	1	9			7	

160

					4		2	
5					8	9	3	
		6						5
	5			3	2			7
		7				4		
1			6	4			8	
3						6		
	7	9	1					4
	4		3					

161

	2	1	8			9		5
		8	4					
				1				6
	9					5	4	1
8								2
1	7	5					3	
2				5				
					7	2		
5		7			9	3	6	

162

9							3	
8		5	6			4		9
	2		7					
		3			8			
	7	8		2		5	4	
			4			6		
					1		6	
1		9			4	8		2
	5							4

163

			9		8		6	
					3	2		9
							3	5
6		7		5				
	3		7		2		9	
				6		4		8
1	7							
4		9	6					
	6		4		1			

164

					6	4		3
	1	6		2	9			
		4						
	2	9			1		3	8
7								9
8	4		9			2	5	
						1		
			2	9		8	6	
9		8	1					

1
6
5

		1			5			
	5		4	3	8			1
	3	2						
					6	7		
4	7						3	8
		8	1					
						9	5	
2			3	1	9		7	
			5			3		

1
6
6

	6		9				8	
		1		8		5		3
		8		5				
			2		9		3	8
6		7				9		4
8	3		6		4			
				9		8		
7		6		2		3		
	5				3		2	

1
6
7

9			3	6	7			
		8		1				2
4		5						
	3	9			4			6
			5		9			
5			1			4	9	
						5		3
8				2		7		
			6	5	3			9

1
6
8

6	9		4				8	
7				5				
				7	2	1		
			3				4	7
	4			8			3	
5	1				4			
		8	2	4				
				3				8
	6				8		7	3

169

		7	1					
6			8			4		
5			7					2
	1	9						8
	3						4	
7						1	6	
8					9			7
		5			1			3
					2	8		

170

					7			
9		2			8		6	7
	1	7				4		2
			5	6			7	1
	2						4	
1	3			7	9			
6		4				8	3	
5	8		7			9		6
			6					

171

	8		9		1		3	
	6				3			4
3						1	5	
			1				4	
			2	9	4			
	7				6			
	2	7						3
5			3				9	
	9		5		8		2	

172

8				6				
				7	4	2		8
6					1	7		
	7		3					
	9			5			4	
					9		8	
		6	1					4
3		5	7	4				
				2				3

173

6			9	3			2	
		9			8			1
			4					8
				4				3
8	2		6		3		7	9
3				8				
4					7			
5			1			3		
	3			9	2			4

174

6		5	4	2				7
			6	3	7	1		
						4		
			7			9		3
	7	6				5	8	
5		4			2			
		8						
		2	5	1	8			
7				9	6	8		4

175

		5	4			9		
				9			2	5
4					6	7		
1						5		7
			1	8	7			
7		9						6
		6	2					9
3	1			5				
		4			8	6		

176

3			8					6
					9		7	8
						1	5	
5	4			3				
6		9		4		2		7
				1			8	5
	5	7						
1	8		6					
9					7			4

177

4				5		9		
5	1		6				3	8
9					1			
	2				5			
	7	5		9		2	6	
			3				8	
			5					9
2	3				8		5	6
		8		6				1

178

			7		4	2		
	3	2	8			4	9	
	5							1
			4				7	
8			6		1			3
	7				2			
2							1	
	6	5			7	3	2	
		1	5		3			

179

2								
8			5	7		1		
	1				4		3	
4		1			6	8		2
7		3	2			5		4
	4		7				8	
		7		8	9			3
								6

180

		5				7	9	
			2		8		1	
					3			6
4							5	
6		7		1		8		3
	3							7
5			8					
	4		5		6			
	1	8				2		

181

				4			6	8
			1	5		3	4	
3		2		7			5	
			8			2		6
				3				
2		5			1			
	2			1		4		9
	7	6		8	4			
8	1			2				

182

			1			2	3	7
1								4
					5	9		1
		3	4					9
	1	4		3		7	8	
5					6	4		
4		5	6					
3								5
7	6	2			1			

183

			9					
		5			8	9		4
8		3			1	2		5
					5		8	1
7	6		8					
1		4	7			5		3
2		7	4			6		
					2			

184

				4				7
		2	3	9			1	4
		5		1	2		9	8
							2	6
				5				
7	9							
2	6		4	7		8		
8	5			2	9	7		
4				8				

185

	8			3	9			6
5	3							
	1	4			6			
						2		
4	6	1		7		3	5	8
		5						
			8			5	1	
							2	3
1			6	4			8	

186

	7			6				2
			2					7
6				3			9	
		3		2	9	8		
			5		4			
		6	7	1		5		
	1			9				6
8					5			
2				7			5	

187

2		4	6				8	
9	8	3						
							5	
	7	5			3			
6	9		1		5		4	8
			9			5	1	
	6							
						7	3	2
	2				9	1		5

188

8							4	
	7					2		
9		4		1	6			
	2	7		3				
	8		9		7		5	
				5		7	6	
			1	4		8		3
		8					1	
	5							7

189

		4					6	
			9	7		8		
		3		1			2	
	8		1					3
	5		2		6		9	
1					5		4	
	1			6		4		
		2		5	1			
	7					5		

190

				2	4	9		
		8						3
	5		8				1	
4	1		5					
8		6				5		4
					6		9	1
	7				1		5	
9						2		
		4	6	3				

191

	4					2		
1	7				9		8	
	6		5		2		3	7
			6	2				3
			9		5			
5				8	3			
2	3		8		4		6	
	1		2				9	4
		7					2	

192

	4				3			
7	3				6			
2		6	5			8		
	1	7					8	
		9	6	3	4	7		
	2					6	9	
		8			5	9		3
			1				6	2
			3				1	

193

		6		9				
	8	9	2				1	6
							7	5
			7		1		2	
5				4				3
	9		3		8			
6	3							
9	7				4	5	6	
				6		7		

194

		1		9			8	
	7	8			5	1		
9	5							3
		6					3	
		5	8		3	9		
	2					5		
7							9	1
		9	1			8	2	
	8			6		7		

195

		6						
		3	2					
			3	1			9	7
	6	2		8			3	
	7		5		1		6	
	8			3		5	4	
1	2			9	3			
					5	4		
						9		

196

		3	4	2		8	5	
	6	5		7				
			1					
2				5		6	1	
	7	1				9	2	
	5	6		1				7
					1			
				6		2	7	
	2	9		8	4	3		

197

8				2		4		
	1		4	3	5			
5			8			7		1
2	5							
		6	5		4	3		
							7	5
4		5			1			2
			3	5	9		4	
		8		4				3

198

			1			8		5
					8	9		
	9	1		2		6		
		5					8	4
2				6				9
7	4					2		
		2		1		7	3	
		4	8					
9		3			7			

199

			3	8		9		
4		7			1			5
1		9				7		
3			4					
	5	2				1	9	
					2			3
		4				5		2
6			2			4		9
		3		4	6			

200

	4				3		9	
		1	4					
6			2			5	4	
4					1		7	8
	9						3	
8	1		9					4
	8	9			4			5
					9	2		
	7		8				6	

201

						6		
7	5	6						9
			6	7			4	3
6				8	5	2	1	
	3						5	
5	8	2	7	1				4
8	6			3	7			
9							8	1
		5						

202

5								6
	7	8	2					
9			3			7	5	
					5		7	
		5	4		8	9		
	3		1					
	8	2			6			7
					9	4	3	
4								2

203

5			1		9			
	2					4		
			7					5
		7	5			8		
3	8						5	4
		6			7	9		
1					2			
		9					1	
			6		8			3

204

	7	8			2			
		1					4	3
3				1		2		
		6	9	2				
	2						5	
				4	1	9		
		5		7				6
8	1					3		
			2			5	8	

205

6	1	7			8			
			9	6	5			2
		2			3			
	6						4	7
1				5				3
8	7						9	
			3			6		
2			5	9	6			
			4			1	5	8

206

	5						2	
		3		2			8	9
2			6		8			
		4		7				
9		2				7		6
				3		9		
			5		3			7
1	2			9		4		
	6						9	

207

9	6				5		8	
							9	7
	1					5		2
	3		9			2	7	
8				5				3
	7	5			2		1	
2		6					3	
4	5							
	9		1				5	4

208

5							3	
		3	2					
		7	4	1				6
			6			2	1	
	1	8				4	5	
	4	2			7			
4				7	6	3		
					2	1		
	7							5

209

	7	9				5		3
				9	4			
4	8			7				1
	2		6					
	5	1				8	2	
					9		7	
1				4			5	2
			3	5				
5		8				3	9	

210

7				9	3		5	
9							8	
		6			1			9
1	8		6					
				3				
					7		9	3
2			5			7		
	1							8
	5		3	1				4

2
1
1

		5	7	9				
	4	1			8		5	7
	7				3			
	2							6
		4		8		1		
8							9	
			6				7	
5	8		9			4	1	
				4	5	2		

2
1
2

		6		4		7		8
								2
		8			7		1	
		5	9	6		1		
7			4		1			6
		3		8	2	4		
	9		3			2		
6								
8		2		9		6		

213

3							1	
	4		3			9		6
	2	7		1				3
4			5					
			4		2			
					1			5
8				3		7	2	
9		1			6		3	
	7							9

214

1					9		7	6
			3		5			9
5	9							
		5			8		3	4
				5				
7	8		4			6		
							8	7
3			5		1			
2	7		9					3

215

6				4	3	1		
1		3			5			
						3		
5			8	9		4		
		8		1		7		
		2		3	6			9
		5						
			7			9		6
		9	3	5				4

216

	2				6	4	3	
		9						
3	1							
6			5		7	3		9
5				1				8
2		3	6		9			5
							5	2
						7		
	3	5	8				6	

217

		4	6					
5					7			
	2	9				7	3	
			7		4	6		1
	1	8				2	7	
6		7	1		9			
	7	3				1	5	
			2					8
					5	3		

218

8			4		3			
	5	1					8	
		3		2				
4		8			5		2	
				6				
	6		3			9		5
				1		3		
	7					2	9	
			7		4			8

219

				5		9		
					6	1	4	
	6	9	1				5	
					3	2	9	
4				6				7
	3	2	4					
	9				8	5	3	
	4	7	6					
		5		9				

220

			9		3	4		
4				2			6	1
							5	
3	2				5	6		
	7		3		4		2	
		6	2				1	4
	9							
2	4			3				8
		3	5		1			

2
2
1

	1							
		3	1	2				
	8				3		1	5
2		8	4	3				6
				6				
4				5	8	9		1
3	4		6				2	
				1	7	4		
							9	

2
2
2

	9		3			5	8	
1	8				4		7	3
		5			9		1	
						4		
	2	4				7	3	
		6						
	6		7			3		
2	5		9				6	7
	7	9			1		5	

223

9				6	2	4	5	
	4		9		3			2
		8						
		6			8			
1	2			3			8	7
			2			1		
						7		
4			7		5		9	
	7	3	6	1				5

224

				5			8	7
	5			4				1
	8				7	5	2	
		3		8			1	
	9		1		3		5	
	7			9		3		
	6	4	8				7	
2				7			9	
9	3			1				

225

						7	2	4
	4		6				1	
	9	7	5	4				
5						8		
	3			7			4	
		6						3
				1	3	9	6	
	7				8		5	
2	6	9						

226

						8		
	7	8		1			9	2
	9	2				4		7
					3	6		
	3	7	5		6	2	1	
		4	1					
7		6				1	5	
8	5			2		7	4	
		9						

227

4		5	8				9	
	6	9					1	8
				9				4
	2	7	1					
			6	2	4			
					7	8	6	
2				4				
1	8					7	2	
	5				8	4		1

228

		6	1	7		5	4	
							7	
					9	2		
8	6			2				3
9								1
7				9			8	5
		4	7					
	5							
	2	7		6	3	9		

229

					5	1		
	9	1	3			8		
	8	4			9		2	3
	4		7					
		9	4		8	6		
					1		4	
8	1		9			4	7	
		7			4	5	6	
		5	8					

230

3	5				1			
8		2		4				
	6		8					
9		6			8		5	3
				3				
5	3		7			1		6
					6		8	
				8		3		9
			1				4	5

2
3
1

			7	8		6		
6			9			7		8
					1		5	
9	1	3		7			6	
5								7
	6			9		8	3	5
	8		4					
7		6			9			2
		9		6	8			

2
3
2

				7	1		3	
8					6		7	4
						2		1
3	6			4				
	8	2				1	4	
				8			6	2
7		8						
5	4		3					8
	3		9	2				

233

			1	9		3	8	
		2						
	8		3			5		1
3			4		2	7		
		4	7		1			8
6		1			8		7	
						9		
	9	5		7	3			

234

			4	3	1	8		9
9	8	7						
			9			2		
	4	8			3			
	2						3	
			6			7	4	
		2			6			
						1	5	3
5		1	3	7	8			

2
3
5

5					7			4
4		9	6					
		8	3			1		
3				9		4		
7			2		5			6
		5		1				3
		3			8	2		
					1	3		9
8			9					1

2
3
6

	7							
8					7	1		9
			6		8	7		
2					1		6	
	8	5				3	9	
	9		7					5
		9	8		4			
3		4	1					8
							5	

2
3
7

			1				8	
2		8			9			
		9	8		7	3		
	9							8
	2		9	7	3		1	
1							3	
		2	3		8	6		
			6			5		2
	6				1			

2
3
8

	8	3			6			
		1	8			2		9
	6		4					
		5				6		3
			7		9			
2		8				7		
					7		5	
6		7			8	9		
			6			4	2	

239

				1		6		3
9	3		2			5		
8			6					
					8		9	
		7				4		
	5		3					
					6			7
		3			9		4	6
1		2		5				

240

					3			8
	5	6						
3			7			1	6	4
						7	4	
	1		8		6		3	
	7	5						
2	9	4			1			3
						6	2	
6			2					

241

1		8	2	6			3	
				4				8
2								
		9	7			2	8	
			6		4			
	6	1			5	4		
								3
9				8				
	4			5	2	1		7

242

3		4	2					
			3	9				
	9	1	4				5	
4		6					3	
		8				5		
	3					8		2
	6				5	3	9	
				2	6			
					4	6		1

243

	7		4	1		3		
	9					1		4
1			9					6
			6		9		2	
				4				
	2		3		8			
4					5			3
7		3					5	
		8		3	4		6	

244

		2			1			9
	3		8		7		5	
						3		6
	9	5	7	8				1
				9				
3				5	6	7	9	
5		6						
	2		3		5		8	
4			6			5		

2
4
5

2				9				
	8					3	4	
5		9			4	6		
		3	4	1				
7								1
				5	6	7		
		6	2			1		4
	2	5					3	
				8				5

2
4
6

	6					2		
3			4	6		9		
	2	7			1		5	
	1		8					
9				7				8
					4		6	
	9		2			8	7	
		8		4	9			3
		3					2	

2
4
7

					3	1		
9				8				
			7			4	8	3
		5			6	8		9
		6	1	4	8	2		
8		3	5			6		
5	1	8			7			
				3				1
		9	6					

2
4
8

	7					1	9	
		6		9				7
		3	5		7		6	
			2	6		8	4	
			7		8			
	4	8		1	9			
	9		8		6	3		
7				2		9		
	8	1					7	

249

3	5	4			6			
8			5		7			3
		9		4			1	
	2		6		8		7	
	6			7		5		
5			3		4			6
			7			4	5	2

250

	3	6		4	5			
9					2		8	
	7		1					
	8	7						
	6	5		3		8	7	
						4	5	
					4		1	
	4		6					7
			8	1		5	6	

251

1		8	6					
		3	2		5			4
				9				
4		1				8	7	
	3						6	
	7	6				4		5
				8				
5			1		6	7		
					9	5		2

252

				9			8	
				4		2	1	
9					1	3		
2		1					7	
	5						3	
	9					6		2
		2	3					7
	6	9		2				
	4			7				

253

			5			8	1	
	6			3				7
			4		1			2
	9		3			7	2	
				8				
	8	1			2		9	
6			7		3			
2				4			3	
	1	9			6			

254

6	3						7	
1			6					2
		5		9				
8	6				3			
	7		4		6		1	
			9				4	8
				6		4		
2					1			7
	9						6	5

255

	8						4	
7				1	8	3		9
				7	5	2		
5					4	7		
1								2
		9	6					5
		7	1	3				
6		4	8	5				3
	3						5	

256

	7				5		6	
		5	9	4				
		6	8	7				5
	3		7					
2		4				8		1
					2		3	
5				6	8	9		
				1	9	6		
	6		4				1	

257

	5							
4		1						9
7					3	6	4	
	9		2	4				7
	2						6	
3				5	6		2	
	1	3	9					5
5						8		4
							3	

258

5		7						
	2			8		9		
			2		6			
		4	6				8	
3		8		2		6		5
	6				7	2		
			9		3			
		3		5			2	
						4		9

259

7	8	4		1				
	9				5			7
		5	9				3	
	1							
		9	3		6	8		
							5	
	5				7	4		
9			5				1	
				4		9	8	5

260

					2		1	4
	1							6
2	6		1			3		
				5		7		9
	9		2		7		5	
1		5		9				
		9			4		6	1
3							2	
6	2		9					

261

8	9				3			
		3				5		6
				7	4			
					8	1		4
3	5			4			2	7
6		4	7					
			9	1				
9		2				6		
			3				7	9

262

7		5			4			
	4	3	6				8	
				5				
	7		4					
3	5	6		7		9	2	4
					2		7	
				9				
	8				3	4	9	
			2			5		8

263

					5			8
	5					1	2	
	6				4	3		
1			5				9	3
		4				7		
2	3				9			5
		5	4				7	
	1	2					6	
7			2					

264

		4			8			
		2	4	3				
	7				6	5	4	
		8				6	1	
1				5				9
	9	5				8		
	1	9	5				6	
				4	2	3		
			6			1		

265

1						9		
5				1		2		
	9	7	3				1	
	4		1					2
		3				7		
7					4		5	
	8				7	4	3	
		4		8				9
		2						8

266

					1	5		
	4						9	6
9		3	5					
		9		5			4	
		1		7		8		
	3			6		1		
					5	6		2
2	5						8	
		7	8					

267

	8		1					
3		6			2			
	7	1	5				8	6
8		9		1		3		
				6				
		4		9		5		8
6	2				1	8	5	
			6			2		1
					8		7	

268

	5			7			3	8
7								
		4			8	5	6	
			9					4
		7	8	4	2	6		
2					6			
	3	8	5			1		
								2
5	2			9			7	

269

2			3		1			7
4		5	9	7				
		1						
8						7	2	
9	1						4	5
	2	7						6
						4		
				1	9	5		8
3			6		5			9

270

	5			2				8
	9	8				2		
				8	3			4
			1			7	5	2
7	4	6			2			
8			6	7				
		5				1	6	
2				5			8	

271

	9							
		6	1		4			
1	3				7		8	
	7					6	4	
		9		5		3		
	4	8					5	
	8		6				7	1
			5		2	9		
							3	

272

	1							9
		9	2		3	1	4	
		5		4				
6						7	9	
			3		8			
	9	2						5
				7		8		
	2	7	9		4	3		
5							7	

273

								9
		9			8		4	
4		2		5		7		
3			9					4
		8	1		2	9		
1					6			2
		5		2		6		7
	8		5			1		
2								

274

	1	2			9			
	7				3			
6	4					2		
2			9		1		8	
		1				5		
	9		7		8			4
		8					4	3
			5				6	
			3			1	5	

2
7
5

			4	5	1			6
7	5						8	
6	4		2		7			
	2	7			5			
				3				
			8			3	5	
			1		4		3	5
	3						6	4
5			3	6	9			

2
7
6

		7	5			8	9	
1	9		7					
8	4		3					
						6	7	
5		4				9		1
	8	1						
					3		6	4
					6		2	8
	7	6			4	5		

277

			8	3				
			9			1		6
9				1		5		
		3		4	1	9		2
		9				4		
1		7	3	9		6		
		5		7				4
8		1			9			
				8	3			

278

	5	1			4			7
	2					4		
			8			1	9	
	4		2	3			8	
				8				
	8			1	6		3	
	1	4			2			
		9					6	
8			7			2	4	

279

6			3				4	5
	3		2			8		
		1						
					1	5	9	
				7				
	9	7	8					
						3		
		4			5		6	
1	8				7			4

280

	8			5				
	9	1	7					
		6	3			2	8	
		7	6	3				
		5				9		
				4	8	6		
	6	8			3	5		
					1	7	4	
				2			9	

281

					9	7		
	7	3			2	4	5	
			4		1		3	
2						6		
1	8						4	7
		7						2
	1		6		3			
	5	9	2			3	7	
		8	7					

282

			8			3		
7	5	6	3					9
							6	
	3			7				4
			6		8			
2				1			5	
	8							
3					2	9	7	1
		1			3			

2
8
3

	9	8	2		1			6
	7	5	3					
								4
					2		7	
		3	6		5	2		
	2		1					
9								
					6	3	8	
3			8		7	6	1	

2
8
4

				2	5	7	1	
			7		1	3		
			8					2
6	8				2		4	
1								6
	7		4				5	8
3					6			
		8	2		7			
	2	9	3	5				

285

			6		4			
6				5	7	3	4	
	2			1		6		
5	8						1	
		2		8		4		
	6						7	5
		3		2			6	
	7	6	4	3				8
			9		6			

286

			8					
7					3		4	2
3	4				6			8
					2	1		
1		3				6		5
		9	3					
4			5				3	9
2	9		7					1
					4			

287

8		6		4				
		2	9		3		7	
9						2		4
			1			5		3
			3	6	2			
3		9			4			
4		7						5
	9		6		7	4		
				3		7		8

288

		2			7			
			5			2		3
	7				6			
	2			8		7		4
4			6		3			5
6		7		4			3	
			7				9	
1		4			9			
			4			1		

289

				6		1		9
	1		2		3	4		
			4				6	8
7		2	6	1				
	8						1	
				4	7	9		2
3	2				4			
		8	1		9		2	
1		4		2				

290

5				4		1	2	
4								
	3	8	2			4	9	
					2	3		
	9		4		5		8	
		5	8					
	1	7			8	9	4	
								6
	8	3		6				1

291

					7	8		
			2	6			7	
	3	7		8		6		1
3			4					
			6	7	1			
					3			9
2		1		3		9	5	
	8			9	6			
		3	1					

292

4		7	5		9			
				1				9
	1					3	2	
3				9		4	7	
	6	5		7				2
	4	3					1	
9				5				
			6		7	9		3

293

8							3	
		5			1		2	
1					8	9		
		1				4	6	
			1	4	3			
	9	7				2		
		4	7					6
	8		4			1		
	6							9

294

7	6			3		8		
3				8				
	9		2					5
1			7			4		
				4				
		3			5			9
9					2		3	
				5				6
		4		6			9	1

295

		6		7		8		
					9			
7			2	4		6		3
1	7	3						5
	6						4	
4						3	8	6
6		8		2	1			7
			8					
		5		3		4		

296

8				9	6		2	
		7	4		1			
	1				8		6	
7		1				4		
	5						1	
		6				2		3
	4		6				9	
			5		9	8		
	9		8	4				2

297

					1	9	6	
5						7		4
1			9				3	
		6	8		9		7	
				4				
	9		7		5	1		
	3				4			6
6		8						7
	5	4	6					

298

2				5	1	8	4	
		5						
8		7					5	9
			7			2	6	
			6		4			
	2	1			3			
9	3					6		5
						4		
	5	6	1	9				2

299

		5				7		9
				4	8			3
6			7					
5			4				3	
		9	8		7	4		
	8				1			2
					2			4
8			9	1				
3		2				1		

300

2	4		7					5
		8					1	4
			4			9		
	3	2			6			
5			3		9			2
			5			4	3	
		7			1			
9	2					5		
1					2		4	7

301

	5					2		
3		1	5		2		4	
8			7			9		
	6	5	2					3
				6				
2					3	5	6	
		8			9			4
	9		8		7	6		1
		6					8	

302

5				4	1			
			5				1	
	1	8		2			3	9
			8			9	4	
9				5				2
	4	3			9			
3	5			9		4	8	
	8				3			
			7	8				1

303

7			4			3		8
		5	3					7
4				2				
	4		6		1			
9	2						8	4
			2		4		7	
				6				2
1					3	7		
3		4			2			5

304

				2				
	8				1	4		9
			6			5	3	
6				9			2	
		5				7		
	4			6				8
	1	7			2			
8		2	3				9	
				5				

305

			3	9				
5	8					2		6
			2					1
9					7	5		
	4		9		8		7	
		8	6					3
6					1			
2		1					6	4
				6	9			

306

4	2				5			
3		6						8
				6	7	1		
		8		2	3	6		
2								3
		3	8	7		9		
		2	6	9				
5						3		2
			5				6	9

307

	4							
				5	1	2		7
		1			9			
	9		8					4
2				4				6
7					3		8	
			9			5		
1		9	6	3				
							9	

308

	1		4		3	6		
7	8	4	1					5
6								1
		7			5			
2				1				3
			8			5		
5								8
8					9	1	7	2
		6	3		8		5	

309

			6	3			9	7
6	2			4			1	
	9		1					
								6
9		7				1		4
8								
					8		2	
	1			2			3	9
2	8			1	3			

310

		1	7				9	
8	4			5				
	2				8			3
7							2	5
		3				9		
1	5							8
9			5				1	
				8			5	2
	7				1	6		

311

		2	6				8	
			2	9			4	3
				8		1		
		5			8	3		
	1	8		3		7	9	
		3	5			2		
		4		5				
5	6			1	2			
	2				4	8		

312

7		4				2		
			4	5				
	5			1	7		4	6
			7			3		4
	4						9	
6		9			5			
4	6		8	9			2	
				2	3			
		5				9		1

313

9							8	
2	1		5					
	4	7				6		3
			7	8		5		
		8	4		9	7		
		9		5	6			
6		4				3	1	
					5		4	6
	3							8

314

		9						3
2	6			1				7
					8		6	
			8		4	5		2
			9	5	3			
9		8	1		6			
	9		6					
8				9			7	5
7						6		

3
1
5

5	4							
2					8	4		
9	8	7	6					2
6			9			1		
8			3		4			6
		1			6			9
3					5	9	2	1
		8	2					4
							3	8

3
1
6

6								
		9	3				5	
			4		1			8
		8		3	7		6	
		1		6		4		
	5		9	2		7		
1			7		9			
	3				8	1		
								2

317

	3				9		7	
		2						
			1	5			4	
				4	7			8
	9	4				3	6	
8			2	3				
	6			1	4			
						1		
	5		3				2	

318

						2	7	
			1		6			8
	6						5	4
5				9	4	8		
2				8				7
		9	7	1				5
9	5						6	
3			8		5			
	7	6						

319

6	3	4						7
	1		3				6	5
		8			9			
	6		7	4				
3			9		2			4
				3	6		7	
			2			1		
8	5				3		2	
2						3	5	8

320

	4	5						
8					7	5		
9	7			4	1			
		9		7		3		2
4	6						5	9
2		7		9		4		
			7	6			2	4
		4	1					5
						9	3	

321

	3		7					8
			9				2	
8		5				9		
3							4	5
			3	2	7			
1	9							7
		1				5		9
	8				4			
5					6		7	

322

4				1	7			
8		5				3		1
			5		8		7	
7		2	8					
5								9
					4	1		7
	5		4		6			
2		3				8		6
			9	8				2

323

1		8	6					
	7	9						
3		4	2	8				
		7					1	2
2								3
5	8					9		
				9	3	1		7
						2	3	
					7	5		9

324

5		2						7
	9		5			4		
		4		6				
	6	9	1					2
			7		8			
7					2	1	4	
				1		2		
		8			7		9	
3						5		4

325

	3		8					
	7			6	5			
	9	8		2			6	5
	4							2
		1		5		9		
3							4	
4	6			3		8	1	
			5	4			7	
					8		3	

326

5		7		9				
	8				3			6
			1	4		8	2	
		4					5	2
6				2				4
8	3					7		
	5	9		1	7			
1			9				7	
				8		9		1

327

				2		8		
2			9	1		7		
	3			4	5			2
	9					6		
	6						2	
		8					3	
1			4	6			7	
		6		5	7			4
		7		8				

328

2		7						4
3				4	1	9		
		4			6	5		
6						2		
	7			5			9	
		3						5
		6	3			4		
		9	7	1				2
5						3		1

329

8						2	3	
					5			6
	3			4	2			1
		8			6			
2								9
			3			7		
4			2	8			1	
9			1					
	8	3						5

330

2				4			6	
			9	8	1	4		
	1		7			2		4
3		2				7		5
4		7			9		3	
		6	2	9	7			
	8			3				9

331

	8				7			
1	4		8					3
		6		3	5			
		4		2		6	8	
		8	5		6	9		
	9	7		8		2		
			6	5		1		
8					1		5	4
			2				9	

332

			5	6	3		7	
					1			8
	5	1						
	3	6		7	8	2	1	
1								9
	4	9	1	2		7	6	
						3	4	
9			3					
	6		8	4	2			

3
3
3

					3	1	6	
	3		7			8		9
	6	9			4			5
6	7				2			
			9				2	6
2			4			6	5	
3		6			1		7	
	8	4	5					

3
3
4

				9		4	2	
			6					5
			5	7	4	9		6
7		4	1			8		
8								9
		9			7	6		4
9		6	7	3	5			
2					6			
	4	7		2				

335

					5	4		
			9	4			6	
	6		1					3
	1	7			6		3	
6		5		7		1		2
	9		2			7	8	
3					8		1	
	5			1	2			
		1	4					

336

		6			7	3		4
	9		3	2			6	
		7	9					
	2					8		
	8	1				6	3	
		9					4	
					5	9		
	7			6	1		5	
5		8	4			1		

337

	7						5	6
	3				4	7		
			2	5				
3			5					1
	4	6	7		3	5	8	
8					9			2
				6	5			
		2	9				6	
7	6						1	

338

			8	3	2			
1						8	3	
					5	9		
	1			8			6	7
7			5		1			8
5	8			7			4	
		1	3					
	7	2						6
			1	2	9			

339

		5	3			7		9
	6			9				
3		2					1	
			2	8				
9				1				7
				6	7			
	8					3		5
				3			2	
5		6			4	1		

340

					5		4	
		1	2			7		3
				4				
	9	2	8				7	
1		5		7		3		8
	8				1	4	9	
				3				
5		4			2	9		
	3		7					

341

		9						
5			3		4			7
	4			9	2			
4				1	8		6	
	2	6				7	1	
	3		9	7				2
			6	4			3	
8			5		3			9
						6		

342

		5	9					
						7		8
2	8		3				9	
3		2	5					4
		7	8		3	2		
8					7	3		9
	2				1		3	5
7		9						
					5	6		

343

4			5			7		
	2	1						5
			1			9		3
	8			2		3		
			8		7			
		3		4			9	
1		5			6			
3						5	6	
		2			3			4

344

9			5		7	4	1	
					2		6	
						5		7
	9	8						
5	7			4			3	1
						7	9	
7		9						
	6		4					
	3	2	6		8			5

3
4
5

1	5		7	4			6	
	2	8						
	6				2			
9		5			1			8
		3		8		4		
8			9			1		2
			4				8	
						3	2	
	8			5	3		4	1

3
4
6

2		9				1		
			4		5			
		1	9		7		4	
						5		7
			1		3			
5		2						
	1		7		4	9		
			8		1			
		3				6		8

3
4
7

1						2	9	
	2	8	4				6	
	9				3			
	1		8					9
	8		3		4		7	
5					2		4	
			6				1	
	4				1	7	2	
	7	1						6

3
4
8

					6	7	8	
		2	9	8	4	3		
								2
3			5	7			4	
		8		3		1		
	2			1	8			5
1								
		7	1	4	5	8		
	5	3	8					

349

9			6				5	
	5			4				8
			1				3	
	7	6			4			2
				2				
3			9			5	8	
	3				8			
5				1			6	
	8				5			9

350

8					9		1	
	6	9		8		3		
					5	6		
	9				1			
		8		5		7		
			4				2	
		3	5					
		1		7		5	6	
	4		6					9

3
5
1

7				4	8			
2	9	6		3			4	
1					7			
							5	4
		1		7		8		
4	8							
			5					3
	3			8		6	2	7
			7	6				5

3
5
2

8			3		1	5		
						7		4
	5	4			6		3	
			9	1				
5	7		4		2		8	9
				8	5			
	9		6			1	5	
1		2						
		5	1		4			8

		5			9			1
							3	
9	8		1				2	
	5	8	3		2			
				9				
			7		5	3	8	
	7				8		6	4
	2							
1			9			8		

3
5
3

4		8	3		7			2
	1		8					
				6			9	
1						7	8	
	3	5				4	2	
	4	7						3
	6			7				
					2		3	
5			4		9	2		8

3
5
4

355

		4			2		1	
6			4					8
				6			2	
5		8			6			
	2		8		9		6	
			3			9		5
	6			3				
3					7			2
	1		2			7		

356

8		2			6			5
	6	1		3	5			7
	5			8		1		
						9		8
	4						6	
3		8						
		3		5			1	
5			8	6		3	7	
2			3			6		9

357

			7			3		
9		1	8					
	5	3		2	4	9		
	8						3	1
		5		4		8		
3	4						7	
		8	2	9		7	4	
					5	2		8
		2			8			

358

		3		7	9	6		
7					6	9		
	2			3			4	
		4		1				
	3						5	
				4		2		
	4			2			9	
		7	1					2
		1	5	9		4		

359

	5		1				3	
	8		7				4	
		3			4			
		5			7			
3		7		8		1		6
			2			7		
			5			9		
	2				6		1	
	3				2		8	

360

3		8				2		1
	1				3			
		4		6	7			
			8	2		5		
		5				9		
		1		7	5			
			6	5		1		
			4				3	
6		9				8		4

361

		7	1			4		6
			9				2	5
				6			9	
6		1						7
	3		5		6		1	
8						5		9
	9			1				
7	8				5			
5		6			2	9		

362

					9			5
4	9	6					1	
3			8				6	9
	1				8	2		
		9		5		6		
		2	3				8	
9	4				7			6
	8					5	4	7
6			5					

3
6
3

6					4			
		1	6	8		7		
	3	5					6	8
	1		3	5				
			4	1	9			
				7	6		4	
1	4					5	8	
		3		4	5	1		
			7					3

3
6
4

		8			2			5
7	1	6						3
			3			1	4	
			5		1	9	2	
	2	4	8		3			
	6	7			4			
8						5	6	2
5			1			4		

365

		5						6
2			1					8
3			9				2	
	1		6	8		7		
4	3						8	2
		6		4	2		5	
	2				7			9
8					1			3
9						8		

366

	8		5		1	4		
			8	6				
4						6	9	
		1			7	2	6	
	6	2	3			9		
	9	3						4
				3	8			
		4	2		9		3	

367

4	8			2	3			6
7					6			
		2					3	
5	4		1			3		
	6		3		9		5	
		7			4		1	8
	7					6		
			4					5
9			2	3			8	4

368

		4		9	2	3	8	
	9						2	
		3	8					5
				6		1	4	
	6	5		4				
5					7	9		
	2						1	
	3	9	2	5		4		

369

2	3							
	8				2		5	7
5		4	7					
			2		6	1	3	
			4		3			
	6	2	8		1			
					7	5		3
4	5		1				2	
							4	9

370

3		6					1	
			5		7			
			3		1	5		6
	3	7						
2	4			5			8	3
						9	2	
1		4	9		5			
			7		2			
	7					1		8

3
7
1

1	7			3			5	
		3			9		7	
					1		8	
9		4						5
		8				2		
7						3		1
	5		3					
	8		5			9		
	6			2			1	8

3
7
2

		4			8		7	
			4					5
		5		9	1	2		4
				2		8		
8	7						4	9
		3		4				
2		8	1	5		4		
5					9			
	6		2			1		

	5	7	1			6		
				7			4	
4						5	1	
8			7				3	
			3	4	2			
	2				6			9
	7	8						2
	4			6				
		1			7	4	6	

373

6			3	2				
2	4		1					5
	5			6				
			5			8		
		7	8		2	1		
		8			9			
				5			7	
7					3		5	8
				8	4			3

374

375

	9		5	6	7			
	3			2				9
6							7	
			8	4		6		
		2	3		6	8		
		6		1	9			
	8							4
9				8			1	
			2	9	5		8	

376

		7			8		2	1
3				2	1		9	
		1		9				
	7				2			
				6				
			5				4	
				8		9		
	8		6	3				2
6	5		2			7		

377

		3	8	6				
2					9	1	3	4
9								
	8		2					1
7								2
6					7		4	
								6
1	2	9	3					5
				5	1	2		

378

		3	8		1	9		4
			9		5	6	8	3
						2	7	9
2								6
4	8	7						
1	5	6	3		8			
9		8	1		2	3		

379

			3					5
		7	9				2	
4					7			6
	4		2				8	7
6								9
7	2				4		5	
9			6					4
	7				1	8		
1					9			

380

					5	7		
	9	5			8			6
3		7		6				
				9		1		5
	1						3	
7		8		4				
				2		5		9
2			1			6	7	
		6	4					

381

			4			3		
		7			1			4
1		9	3	7	6			
		4					3	9
			6		9			
9	8					1		
			9	3	7	5		8
8			5			6		
		2			8			

382

				3			5	2
4		3			7			
5		6		4			3	
9					2			
	6			9			4	
			3					8
	8			5		6		4
			6			9		5
6	1			2				

383

1	3				7	2		9
8		9		6				
					9			
			1				8	
	5	8				3	2	
	4				5			
			4					
				2		7		4
5		4	7				3	6

384

			3	4			5	
	5				9	4	6	
6	4		7					
		6		9		1		
2								5
		4		1		3		
					1		3	8
	1	8	9				2	
	2			8	5			

385

2	1		8					
					1		6	2
7						4		
			9			6		
3		1	2		6	7		9
		7			3			
		4						3
1	5		3					
					9		2	8

386

	7	4	6	8				
	6		2		3		4	
		3						2
	1		7		6			5
			8		9			
7			1		2		8	
3						2		
	8		9		7		3	
				2	8	1	5	

387

			3	1				
	3				6	4	2	1
				7			3	9
6		1					8	2
2								3
3	8					5		6
9	6			5				
4	5	3	8				6	
				6	3			

388

	3				7		2	
6				3		8		
		8		6			4	3
				2	1	3		
		9				5		
		6	3	5				
8	6			4		2		
		2		1				9
	4		5				6	

389

3					6			1
			9		7		2	
				1		7	4	
	9					5		
8			7		1			2
		6					1	
	6	2		7				
	4		6		9			
9			4					3

390

	5	1			2		9	
				9				8
	9			8	7			5
	2	8						
7		4				6		9
						4	8	
9			7	4			2	
6				1				
	7		2			9	4	

391

		8	7					
5				3	8	2		
	1		2					3
		2			3	6	8	
6								9
	8	9	6			4		
9					6		2	
		1	3	5				4
					7	3		

392

	4			2		5		
			1					4
3			7	5				1
			5			4	9	
5			9		7			2
	9	8			2			
4				3	1			8
8					5			
		5		9			2	

393

	1		9					3
		9			5	7		
				2				
	2	3		8			5	9
7		6		1		2		4
5	9			3		8	7	
				9				
		7	2			3		
4					7		2	

394

	5		1				8	
					2	3	9	4
								5
5	1			8		2		
		8		4		7		
		2		7			5	9
2								
6	9	5	7					
	8				9		6	

	5			3		7		9
	2				9		3	
					4	8		
					8			2
8	4		5		7		9	3
9			2					
		5	4					
	8		7				1	
6		3		8			4	

395

							5	7
			3		4		6	
		2	7		1	8		
	5	4				7		1
3								4
8		1				6	9	
		6	2		9	4		
	2		4		7			
7	4							

396

397

		7		1		5		8
						3	7	
1		5	9	7				
7							8	
3			8		4			5
	8							9
				2	1	8		6
	6	3						
8		1		3		4		

398

		2		6				4
4		3		8	2			
	6	8						
6					3			
	2	4				7	9	
			7					1
						6	4	
			2	3		9		8
5				9		2		

399

1								6
		7	2			8	3	
		9		6				
4				8	2	3	5	
	3			9			2	
	2	8	5	3				4
				5		4		
	7	4			6	1		
8								9

400

					8			5
8	9		4					
7		5		9		2		
3		7						
5		6	3		9	8		4
						3		6
		4		5		1		2
					7		3	9
9			1					

401

				3	2	5	9	
					9			8
						2	6	1
7			4				5	
		6	2		7	4		
	4				8			6
1	9	8						
4			3					
	7	2	8	9				

402

			2		1			7
				4				3
		8		5			6	4
		5				8		
1			4		5			2
		7				4		
9	5			2		1		
2				6				
4			5		3			

403

	5				6		4	1
				3		5		8
			9			2		
2			7				3	
				6				
	9				2			6
		6			8			
3		5		1				
9	8		4				2	

404

2				3		4		
			4		7	1		
			2				7	
	4			1		5		6
			3		5			
7		2		6			1	
	9				2			
		3	9		1			
		1		4				5

405

						8		1
		4			9			
		3	8	6	2	7		
		9					3	4
7				4				8
4	3					9		
		7	2	9	1	6		
			4			1		
5		6						

406

	1		9					
9				8				7
5		8				9		6
		5		4				8
			5	9	6			
2				7		6		
1		3				2		9
7				6				1
					8		5	

407

			8		3		6	
7					6			2
	6						1	5
6	9			1	7			4
	1						9	
5			9	4			3	1
8	4						5	
9			2					3
	3		4		5			

408

	6	2		8				
	7		6		5		1	
3		4						
	3		8			1		9
			7	4	3			
5		7			1		3	
						7		3
	4		5		8		6	
				1		9	5	

409

	5			8	3			
9							1	2
		6						
	9				7	3		
	3		5	9	4		6	
		1	3				5	
						1		
2	1							5
			7	3			8	

410

2	4			8				3
			4	5		2		
3			9				7	
4	1					5		
	8						6	
		7					2	1
	7				2			5
		9		7	4			
8				1			9	2

4
1
1

1						9		7
7			3			1	6	
			7		5			
							7	2
		3	9		2	8		
5	8							
			2		4			
	5	9			7			3
3		7						6

4
1
2

		4	1		3	7		
9								8
		7		9				
					5		7	
4		9	2		7	5		1
	2		8					
				6		4		
5								7
		6	4		9	1		

413

		6				4	7	
			3			8		5
	3		7				2	
1			8		2			
	8		1		9		4	
			5		7			2
	9				3		6	
6		7			5			
	4	3				2		

414

						5	8	
	7		8				3	4
5					3	1		
	3	8			7			
1				2				3
			9			7	4	
		9	3					7
2	5				4		9	
	1	4						

415

	3			7		2	5	
					6			9
			5	4				6
		7					2	
6			9		2			3
	4					1		
7				3	1			
9			8					
	8	2		9			6	

416

	8			2				9
			1		4			3
					7	6	2	
8	5	7						
2								8
						3	7	4
	2	6	8					
4			5		1			
1				6			9	

417

			9				7	
7		9		5				3
6		4		7				
		7		8		4		
			6		9			
		5		3		9		
				4		6		1
4				6		8		7
	2				1			

418

	7		5					
9	1			8			6	7
						8		1
			1		7			8
6		1				9		2
4			2		6			
3		8						
7	9			1			5	6
					5		8	

419

2							1	
		8			6	3	2	9
					4			
		7					9	6
3			2		9			1
1	9					8		
			7					
7	8	3	6			9		
	2							8

420

		5				2		
	8	2			9			
4		3			7	5		1
2			3					
			8	1	6			
					2			3
5		1	4			7		2
			9			4	6	
		6				3		

421

	4	9	3	7			8	
			9			3		
	5				4	1		
			4	9			1	7
6	9			2	8			
		3	2				6	
		5			9			
	1			4	3	2	5	

422

3					7	1		8
	7				1			
4			6	3				
						5	1	2
		9				3		
1	8	5						
				8	4			7
			1				2	
7		3	2					1

423

4					5			6
	7		9	8	4			
		8					7	
				3		2		
2		4				1		9
		3		6				
	8					6		
			2	4	7		1	
3			8					7

424

9		8			1		6	7
	3	7						
			7	8				
3	5	9						
6			8		2			3
						1	7	9
				4	5			
						7	5	
5	9		3			4		2

425

			9					
			7					1
	8	1	5		2	4	7	
	4					1	2	
		7				3		
	9	6					8	
	5	2	3		1	7	6	
6					5			
					9			

426

			9			6	1	
		9					2	5
	1				2	3	9	
				1	3	7		
		8	2	5				
	8	5	3				6	
1	3					2		
	4	2			9			

427

		3					1	
1			4		7			
			9			5		
5		4	3			8		
7	8			9			3	1
		1			6	9		4
		2			9			
			8		3			7
	7					4		

428

	5		9	6				
	3	8	7	1				
		1			8			3
						9	1	
		3	1	7	9	5		
	9	5						
5			3			2		
				8	7	1	3	
				5	6		8	

429

	5	2		3		1		
		9	8				2	
3								
		4		1	7			6
	2			6			1	
6			3	2		7		
								2
	6				2	8		
		7		4		6	5	

430

	3	7				9		2
	5			4	9			
			3					1
					2			7
	4	6				2	8	
2			4					
5					8			
			7	5			9	
4		1				7	3	

431

			5			6	4	2
				3				8
		5			6			
7			9				1	
	4	1		8		2	6	
	8				4			5
			2			1		
2				6				
6	1	7			8			

432

						3		
3					8		4	9
2	6	4	1					
		5		1	3			
6								1
			5	6		2		
					1	7	9	4
7	1		6					5
		8						

4
3
3

	5	2		8			7	
					2		1	
								5
4		8		5	9		2	
				7				
	6		8	2		5		7
6								
	9		3					
	2			4		7	8	

4
3
4

	5			1	9	8		
	2	9	4			1	7	
	7			6				3
			8		1			
6				9			8	
	4	1			3	5	6	
		7	2	8			9	

435

			1					5
				4		1		
	1	2	8		7			
					1		7	9
	3	1		7		5	8	
6	5		4					
			7		4	3	6	
		4		8				
1					3			

436

		9						
	1		6	9				7
			7		2	6		1
3		2						
8			3	5	9			2
						5		6
9		3	1		4			
1				3	6		2	
						8		

437

		6	9				1	4
	7		2	6	4			
		4						
8							5	
7		3		5		2		9
	9							3
						1		
			7	1	8		9	
6	1				2	3		

438

	5			6		3		
					3			2
			1				6	8
3	9				4		5	
			7		6			
	7		9				2	6
5	8				9			
9			5					
		1		8			3	

439

		6		2	7	9	1	
7		4					3	
3		7		4				
4			2		5			3
				3		5		6
	4					6		8
	1	8	6	9		4		

440

6			1					3
		1	6			8		
7			9	8			6	
				3		7		2
	2						5	
5		4		1				
	5			7	9			8
		3			1	5		
1					5			9

441

		8	1			6		
1			5				2	
9						1	7	
			4			2	3	
		3		2		9		
	1	2			9			
	6	5						1
	8				3			7
		1			8	3		

442

						8		
			5		7		1	6
	6			4			5	9
	9	6	8			2		3
3		4			6	5	9	
1	5			7			6	
8	4		6		1			
		3						

4
4
3

			8			5		
3		4		1			9	
		1	7		4			
1	6					2		
		3				7		
		7					5	3
			6		5	1		
	4			2		9		5
		9			7			

4
4
4

			8		5			2
2				9		7		
	6	3						
					7	9	2	
		4	5		6	8		
	1	7	2					
						6	4	
		8		5				7
3			6		8			

445

2	1			7	6	8		
				5			1	
		5						
		3		1			9	5
		1				2		
5	7			2		6		
						3		
	5			6				
		4	2	3			7	9

446

9	4	6		8				
				4	6	9		
3			5			6		
	2	4			5			
6								1
			8			7	2	
		3			1			8
		2	6	9				
				3		2	1	9

4
4
7

	3	4					7	
		2			7			
	1		6				8	3
	5	7	8	6			4	
	8			7	4	5	3	
9	4				2		5	
			7			9		
	7					8	2	

4
4
8

	6				8		9	
4						3	6	1
			6				7	
				3		5		9
			8		9			
9		5		7				
	2				1			
3	4	1						2
	8		7				3	

449

	5		7		2			1
7		4					8	
3								9
	1		3					6
	3	7		1		8	9	
5					9		1	
2								8
	7					6		5
1			8		4		2	

450

		7	3					8
5								
				8		7	1	6
	3		6		5		4	
7		4				6		2
	6		4		2		9	
9	1	2		5				
								5
8					3	9		

4
5
1

7	2	8		9				
			2				5	
					1			2
		1		4			8	
3								6
	5			3		9		
8			9					
	4				2			
				7		3	1	8

4
5
2

7				8	9	5	1	
						4		
	8		1			2		
		1		6				3
				4				
4				2		8		
		6			2		5	
		3						
	9	2	8	7				4

4
5
3

		7	5			8		6
						2		1
				6	8		4	
6	7							
			1		4			
							3	5
	5		3	8				
4		9						
2		8			6	9		

4
5
4

6				1		4		3
			7				9	5
							1	
	2	8			9		3	
				6				
	9		4			1	2	
	5							
1	4				3			
9		3		5				1

4
5
5

						7		
	1		4			9		5
	4			5				
					7	6		
	8	5		1		4	3	
		1	9					
				6			2	
1		9			2		6	
		3						

4
5
6

	7			6	5			
3						9		
						7	5	6
		1			4			
5				3				8
			7			2		
9	3	2						
		7						1
			3	9			4	

4
5
7

		9	4		5			
	5	1					6	
7					2		5	
		3			8		4	6
		4				1		
9	6		1			8		
	3		8					4
	9					5	2	
			6		1	3		

4
5
8

2		3			8			
			3					6
7		9						
				7		2		1
6		5		1		4		3
1		4		6				
						6		4
5					1			
			2			9		8

459

				9		3		
6			8					
	1		5			4		7
7				3	4			
3								5
			1	7				8
8		5			2		1	
					8			3
		9		1				

460

	7		6	8				
9							1	4
3		9			2			
		5		4		1		
			7			8		9
1	6							3
				5	8		7	

461

			7		6			
			1			3		
6		2		8				9
			9				3	4
2			6		4			5
7	4				1			
3				6		4		2
		8			9			
			8		3			

462

4	8				7			1
	9			5				
					6	9		
			3		5			8
	4			2			6	
2			7		9			
		2	6					
				7			4	
7			2				3	5

4
6
3

				3				8
	1	6	2					9
			9	6		4		
		3					7	5
5	4					9		
		1		4	7			
4					8	6	2	
8				9				

4
6
4

				2			9	
1					6			
						3	4	7
3			5			2	1	
				9				
	6	7			1			4
2	7	5						
			9					5
	9			3				

4
6
5

		5		8				1
					7			2
	8		3					6
	4					3		
			4	7	6			
		7					5	
7					9		6	
9			1					
2				4		8		

4
6
6

		8		3		2	9	
			7		8			3
							1	
4	2							
	5		8	9	1		3	
							7	5
	1							
5			6		2			
	8	2		5		3		

4
6
7

			7		1		8	
	9	4		2				
							9	3
5		9			7			2
				1				
3			4			6		9
8	4							
				4		8	7	
	2		9		8			

4
6
8

					3		1	
					7	8		9
	2					6		
5		9	2	7		3		
		4		1	8	5		2
		3					4	
6		5	8					
	1		6					

469

	7		8	6				
	2		3					5
		5			9	3		
9		7						6
				4				
1						7		4
		4	2			1		
7					3		5	
				5	6		3	

470

						8		5
3				2				
1	6	9					2	
6					1		8	
			8	5	6			
	8		7					4
	9					3	5	6
				8				9
4		7						

4 7 1

	1		7		8			
7		9				2	4	
								7
		5		6			7	
		4		2		1		
	9			3		8		
6								
	5	8				9		2
			6		5		3	

4 7 2

					1		9	
9						5		
	7		5	8			6	
7				4		3	8	
3	4						5	6
	1	6		3				9
	8			6	3		7	
		9						4
	5		4					

4
7
3

	7	8			9			
9				1				
	2	5			7	6		
	1						4	
2	9						8	1
	5						2	
		2	8			7	9	
				4				5
			5			8	6	

4
7
4

		5	6					
					9			2
4		2		7		5		
					7		3	6
7								9
1	4		3					
		1		4		7		3
3			9					
					8	2		

475

				8				
2		1		3			6	
4			9		2			
		2						5
		9	2		7	4		
6						8		
			3		8			1
	5			7		9		2
				5				

476

		4						
			6	1	9			
	8	3						7
	6		8					5
				4				
5					2		1	
1						6	5	
			7	8	5			
						9		

477

		5			3		4	
			7			6	5	
	1	2		4				
					8		9	
2				6				1
	7		4					
				1		3	8	
	8	7			4			
	6		8			4		

478

	8		5			1		
			8	9		4	6	
	5	4				2		
				6	1		4	
	1		2	4				
		5				6	1	
	2	7		8	5			
		9			3		7	

479

			5	4	8			
	7	6			2			4
		5						
		3						7
6			3	5	1			8
8						3		
						4		
1			7			2	8	
			8	2	5			

480

	7						3	
	2	9	7					
6				5		7		
		6	9	7				1
		1		2		3		
2				1	6	5		
		4		9				2
					8	9	4	
	9						8	

481

	3				8		5	7
	5			7				1
7				9				4
			2	8			4	
5								6
	2			6	3			
6				2				3
9				3			7	
3	7		4				9	

482

					9	2	6	
9	2							5
			1		5		4	
		2					7	
	8	4		7		5	2	
	9					8		
	3		8		4			
5							9	3
	1	7	9					

483

		1		9			7	
						3	8	
3					8			
	4				2	6		
8			5	3	9			4
		5	7				3	
			4					9
	5	4						
	9			8		2		

484

	9		1					
					2			3
1		6	3				8	
	3							6
	4	2				7	3	
5							1	
	2				6	3		4
9			5					
					8		7	

4
8
5

	2	3	9					
6		1		5				
			7					4
		4	5				1	
	7						9	
	8				7	3		
3					5			
				7		2		8
					6	1	7	

4
8
6

9		1		2				
					1			
					6	7	9	
1	3				4			
7	6						3	4
			3				8	7
	8	3	6					
			5					
				8		2		5

487

			5				6	
						9		4
3		8						5
		2	9				4	
		5	1		8	2		
	8				7	3		
5						4		2
4		6						
	9				3			

488

		4		6			3	
							1	
9		5	2	8				6
5	8	2						
3			8		7			4
						3	8	5
2				7	5	9		3
	9							
	5			3		1		

489

	5							
	9		3	4				
	8	6	9					2
					1	9		
2								1
		8	6					
3					4	1	8	
				5	7		3	
							6	

490

		7			8		3	9
	6		1					
			4			1	5	
	2		5					7
4					3		9	
	8	2			5			
					1		8	
6	7		8			2		

491

			3		2		7	6
	3	9		7				
					5			
9							3	4
			5	1	3			
8	6							1
			6					
				3		5	4	
7	2		8		4			

492

					7			
6	7					1		
3	2				4		9	
	1		5			8		2
				1				
7		3			6		1	
	8		7				4	9
		5					7	6
			9					

493

	5							1
		4	3					
		9		8				4
		2	1				7	
5			8		6			3
	9				5	1		
7				4		9		
					7	6		
1							8	

494

		1	7		4	5		
6		4		8				
3								2
4	6		1					
			3		9			
					5		7	9
2								4
				5		8		6
		6	4		2	1		

495

			2				5	
			8				7	4
9	1		7					6
	9					4		8
6								7
1		2					6	
4					8		1	5
5	8				6			
	7				9			

496

4						9	2	
					7	4		
	2	9				6		1
				9		2	1	3
				1				
2	1	5		4				
1		3				5	8	
		7	5					
	8	2						6

497

6				4			7	
2		1			9			
	5				1		8	
	6	9			3	7		
		5	6			9	3	
	4		2				9	
			8			2		1
	1			5				7

498

				4				
	4						6	9
1			3			7	5	
					8			1
7			5	9	2			8
2			7					
	9	6			1			7
3	2						4	
				5				

499

		4	8			5		
		2	9		3		7	
			6		4			
3	2							1
8								6
7							8	5
			3		8			
	5		2		9	6		
		1			5	9		

500

				7	6			
					3		8	
4				5		1		6
6		9						
5		3				8		1
						6		5
7		6		2				4
	2		3					
			9	8				

501

			5			7		3
				4		6	2	5
				7	1		9	
6			9	3			5	7
8	3			1	7			9
	4		3	9				
1	6	3		8				
9		7			4			

502

9					3	2		
	7	5				9		
4		1	6					8
				7		1		
1	6	3				7	8	5
		7		8				
7					8	4		9
		9				8	3	
		8	2					7

503

8		2	3			9		1
							3	8
					4	7		
	5				3	1		
9			5	6	7			2
		8	4				7	
		7	1					
4	9							
6		5			2	8		7

504

2		1						
	3		6			5		
	5		4					8
1			5	7		2		9
	2						3	
9		3		4	2			1
3					4		8	
		5			1		2	
						6		3

505

9					7			
					4		1	
		3		8	6			5
6						4		
	7	2				3	6	
		4						9
4			5	9		7		
	8		2					
			6					3

506

2	4			5			6	
			3					9
		3	1	4			8	
		4	7	1				
1								8
				6	8	7		
	9			7	5	2		
3					4			
	7			3			9	5

507

8	4		7				3	1
9			8		6			7
		3		2				
1							5	
	2						7	
	8							4
				4		7		
3			6		9			5
6	9				2		4	3

508

4		2						
					6			7
	7		9	8				6
5					8	3		
6		1		2		5		8
		3	1					2
8				3	5		2	
9			7					
						6		5

509

	8					5		
5			8	7		6	1	
				6	5			
	4	2						
		5	1		9	3		
						7	8	
			3	4				
	6	1		5	2			7
		9					6	

510

		4		1			9	
	8		2		7		6	
	6							5
			7			9		
5	1			8			2	4
		2			1			
6							1	
	7		9		8		4	
	4			2		5		

511

		2						4
			7					5
3	8					2		
5	1			2				
7		3	4		1	5		2
				9			8	7
		7					2	1
4					5			
2						4		

512

	2				5			6
3			1		8			
		8						4
	8							3
	3		7	2	6		1	
1							5	
4						9		
			2		7			1
9			4				2	

513

	8	6	1		4	3	2	
	3			5	2	7		
	2							
9		3				8		
	7						5	
		1				4		7
							7	
		7	2	1			6	
	6	2	5		7	1	3	

514

8		1	4					
2			7					
4		5		8	1			
3			8			6		
	9						7	
		7			4			5
			1	5		2		8
					8			7
					2	3		1

515

4		6					3	
			4			5		
5				2	9	1		
		2			6			
	6	3				9	5	
			3			4		
		1	2	9				7
		8			7			
	7					2		5

516

	8	9			6		5	
			7					9
7		6			3	4		
		8	3	9				5
4				2	8	3		
		7	8			5		3
8					2			
	2		6			8	1	

517

9	5	1	2				3	
3		2	9		4			1
	6							
		8					6	
1			5		8			2
	9					8		
							7	
5			4		7	1		6
	8				1	5	4	9

518

		1	3					
						1		5
		5			9	6		7
5	9			7		4		1
1		7		2			6	8
2		4	1			7		
3		8						
					6	3		

519

						4		
3			7	8	9		6	
	6	5	1	3				
4		9					7	
				6				
	8					9		5
				1	7	6	3	
	2		6	9	8			4
		7						

520

3				8			4	
		6			4		9	
	9	8		1			6	
1		4				5		
				5				
		9				7		6
	3			7		6	5	
	7		6			4		
	4			9				3

521

	7		1		6		3	
2	4					8		
		9	2				7	
			4	9				8
4				6	8			
	9				7	1		
		5					2	7
	6		5		9		8	

522

		5	7		1	2	6	
		4			2			
1				9				7
			4			7		
		2		5		1		
		6			7			
5				7				1
			9			3		
	4	1	8		6	5		

5
2
3

		2	5	6		1		
				8	3			
6					9		2	
	3	4				6		
5								2
		7				4	5	
	5		7					4
			1	5				
		1		4	6	7		

5
2
4

7				6		9		
	1	8					3	
6	3			8		7		
					4	6		
1		6	9		5	4		7
		5	2					
		1		9			6	2
	2					1	7	
		3		2				9

5
2
5

		6	8				5	
7		4		5	3			6
	5							
			4			2		
5		7				6		9
		3			9			
							1	
1			6	9		4		7
	9				8	5		

5
2
6

		9			6	7		8
		8			3		2	6
8	2		9					
4		7		2		8		9
					5		7	2
5	9		3			4		
6		3	7			1		

527

	3			2	1			6
7	5		4			1		
					9	7	2	
6	4						9	
				9				
	7						5	3
	8	7	3					
		1			7		4	8
4			2	1			7	

528

		7	4	9	8	3		2
			5				9	
		9		7				
7				5			2	
		3				4		
	8			3				7
				2		5		
	6				5			
1		5	3	8	6	9		

529

			4	2		9		3
	5				7	2		
					3		5	
		5	7		1	3		
3								4
		2	9		4	1		
	4		5					
		9	6				7	
7		6		4	2			

530

		6		7				
	4							
7	1		9		2			3
9				3	7			4
	7			1			8	
5			8	4				1
3			5		1		4	7
							9	
				2		5		

531

		1				6		7
2								8
	8	6		2	9			
	2		9					1
		3		4		2		
8					7		4	
			6	3		5	8	
1								6
3		2				9		

532

		6	5					2
		4	9				8	1
			2	3				
	3					2	9	
		7				1		
	9	8					6	
				7	5			
8	5				9	4		
7					4	9		

5
3
3

6		2	8				7	
						9	4	3
			5					6
9			1	6		2		
		1		5	2			7
1					6			
8	9	7						
	4				9	7		1

5
3
4

1		8	6				2	7
6		4	2	8				
								8
	1				2			
		2		4		8		
			5				3	
9								
				5	8	1		3
8	7				1	6		5

1

3	2	7	1	5	8	9	4	6
6	4	9	7	2	3	8	1	5
5	8	1	9	4	6	7	2	3
1	9	3	2	6	7	5	8	4
2	7	6	4	8	5	3	9	1
4	5	8	3	9	1	6	7	2
8	6	4	5	1	9	2	3	7
9	3	2	6	7	4	1	5	8
7	1	5	8	3	2	4	6	9

2

3	4	1	8	5	6	7	2	9
8	9	6	1	7	2	4	3	5
2	7	5	3	9	4	6	8	1
9	3	8	4	6	1	2	5	7
5	6	7	2	3	9	1	4	8
1	2	4	5	8	7	9	6	3
6	8	2	9	1	3	5	7	4
7	5	9	6	4	8	3	1	2
4	1	3	7	2	5	8	9	6

3

9	3	4	1	5	8	6	7	2
2	1	5	7	9	6	8	3	4
8	6	7	3	2	4	1	5	9
4	2	8	6	3	7	9	1	5
7	5	1	9	8	2	4	6	3
3	9	6	4	1	5	7	2	8
6	4	2	8	7	3	5	9	1
5	8	9	2	6	1	3	4	7
1	7	3	5	4	9	2	8	6

4

9	4	1	8	3	6	5	7	2
7	3	5	4	9	2	6	1	8
2	6	8	5	7	1	3	4	9
1	9	6	7	2	8	4	3	5
4	2	3	9	1	5	8	6	7
8	5	7	6	4	3	2	9	1
6	7	2	1	8	4	9	5	3
3	1	4	2	5	9	7	8	6
5	8	9	3	6	7	1	2	4

5

3	2	5	9	8	4	1	7	6
4	8	1	6	2	7	5	3	9
7	6	9	3	5	1	8	4	2
8	3	2	5	6	9	7	1	4
5	7	4	2	1	3	6	9	8
9	1	6	7	4	8	2	5	3
1	5	8	4	3	2	9	6	7
2	4	7	1	9	6	3	8	5
6	9	3	8	7	5	4	2	1

6

6	3	2	9	4	8	1	5	7
1	7	8	2	6	5	4	3	9
9	4	5	3	7	1	8	6	2
2	8	7	6	9	4	3	1	5
5	1	3	7	8	2	6	9	4
4	6	9	5	1	3	7	2	8
7	2	4	1	3	9	5	8	6
8	5	1	4	2	6	9	7	3
3	9	6	8	5	7	2	4	1

7

5	9	2	3	4	8	6	7	1
6	7	1	9	5	2	4	8	3
3	8	4	1	6	7	2	5	9
8	3	5	6	7	9	1	4	2
7	2	6	4	1	5	3	9	8
1	4	9	8	2	3	5	6	7
4	5	7	2	8	1	9	3	6
2	6	3	7	9	4	8	1	5
9	1	8	5	3	6	7	2	4

8

5	7	2	6	3	1	4	8	9
4	8	1	9	2	7	6	3	5
9	3	6	4	5	8	7	1	2
6	5	4	7	9	3	8	2	1
3	9	7	1	8	2	5	6	4
1	2	8	5	4	6	3	9	7
8	4	5	3	1	9	2	7	6
2	6	9	8	7	4	1	5	3
7	1	3	2	6	5	9	4	8

9

1	7	5	8	4	2	3	9	6
4	3	8	5	6	9	7	1	2
2	9	6	7	1	3	4	5	8
8	2	1	3	7	4	9	6	5
3	6	4	1	9	5	2	8	7
7	5	9	2	8	6	1	3	4
6	1	3	4	2	8	5	7	9
9	4	7	6	5	1	8	2	3
5	8	2	9	3	7	6	4	1

10

7	2	8	9	1	4	5	3	6
1	6	3	7	8	5	2	4	9
9	4	5	2	3	6	8	1	7
6	1	9	4	5	2	7	8	3
4	8	2	1	7	3	6	9	5
5	3	7	8	6	9	4	2	1
2	9	1	6	4	7	3	5	8
8	5	6	3	2	1	9	7	4
3	7	4	5	9	8	1	6	2

11

1	8	3	6	7	2	5	9	4
5	9	6	8	3	4	7	2	1
4	7	2	9	1	5	8	6	3
2	3	1	5	4	7	9	8	6
8	5	4	3	6	9	1	7	2
9	6	7	1	2	8	3	4	5
7	2	9	4	5	1	6	3	8
6	4	5	7	8	3	2	1	9
3	1	8	2	9	6	4	5	7

12

6	8	7	5	4	9	2	1	3
9	5	3	6	2	1	4	7	8
2	4	1	3	8	7	5	9	6
4	6	5	1	7	2	8	3	9
3	1	8	4	9	5	6	2	7
7	9	2	8	6	3	1	4	5
1	7	9	2	5	6	3	8	4
5	3	4	9	1	8	7	6	2
8	2	6	7	3	4	9	5	1

13

3	9	1	4	2	8	5	6	7
4	8	7	6	9	5	3	1	2
2	6	5	3	7	1	4	9	8
7	1	6	8	5	3	2	4	9
9	4	8	1	6	2	7	3	5
5	2	3	9	4	7	6	8	1
8	7	9	2	3	6	1	5	4
6	5	4	7	1	9	8	2	3
1	3	2	5	8	4	9	7	6

14

2	7	8	5	4	1	9	6	3
4	9	1	6	2	3	8	5	7
5	6	3	7	8	9	4	2	1
9	4	7	2	6	5	3	1	8
8	5	2	3	1	7	6	4	9
3	1	6	4	9	8	5	7	2
6	3	9	1	7	4	2	8	5
7	8	4	9	5	2	1	3	6
1	2	5	8	3	6	7	9	4

15

4	7	6	1	3	8	2	5	9
2	1	9	6	7	5	3	8	4
3	5	8	4	2	9	7	1	6
8	9	3	5	4	7	1	6	2
6	2	1	8	9	3	5	4	7
7	4	5	2	1	6	8	9	3
5	3	4	7	6	1	9	2	8
9	8	2	3	5	4	6	7	1
1	6	7	9	8	2	4	3	5

16

6	8	7	4	9	3	2	5	1
2	4	3	6	1	5	7	9	8
9	5	1	8	2	7	4	3	6
4	9	8	3	6	1	5	7	2
3	6	2	5	7	4	1	8	9
1	7	5	2	8	9	6	4	3
7	3	6	1	5	8	9	2	4
5	2	4	9	3	6	8	1	7
8	1	9	7	4	2	3	6	5

17

1	3	2	5	9	6	7	4	8
6	9	5	7	4	8	3	1	2
7	8	4	2	3	1	5	6	9
9	6	1	4	2	7	8	3	5
2	7	8	6	5	3	4	9	1
5	4	3	1	8	9	6	2	7
8	5	6	9	1	4	2	7	3
4	2	9	3	7	5	1	8	6
3	1	7	8	6	2	9	5	4

18

6	1	4	7	9	2	5	3	8
8	2	3	1	6	5	7	4	9
7	5	9	8	3	4	2	1	6
9	7	6	4	1	3	8	2	5
2	4	8	6	5	9	3	7	1
1	3	5	2	7	8	6	9	4
3	6	1	9	8	7	4	5	2
5	9	2	3	4	6	1	8	7
4	8	7	5	2	1	9	6	3

19

1	9	5	8	6	3	4	7	2
6	3	4	1	2	7	9	8	5
7	8	2	5	9	4	3	1	6
4	2	1	7	5	6	8	3	9
3	6	9	2	4	8	7	5	1
8	5	7	9	3	1	2	6	4
2	4	8	6	7	5	1	9	3
9	7	6	3	1	2	5	4	8
5	1	3	4	8	9	6	2	7

20

6	4	5	3	7	2	8	1	9
7	8	9	6	4	1	2	3	5
1	3	2	8	5	9	6	7	4
5	6	8	4	9	3	1	2	7
4	9	3	1	2	7	5	8	6
2	7	1	5	8	6	4	9	3
8	2	7	9	6	5	3	4	1
3	5	4	7	1	8	9	6	2
9	1	6	2	3	4	7	5	8

21

3	6	8	4	2	1	5	7	9
1	9	2	7	3	5	4	8	6
5	4	7	6	8	9	3	2	1
2	8	5	9	7	4	1	6	3
4	3	1	2	5	6	7	9	8
9	7	6	8	1	3	2	5	4
6	2	4	3	9	7	8	1	5
8	1	3	5	6	2	9	4	7
7	5	9	1	4	8	6	3	2

22

3	5	1	8	2	4	9	6	7
4	6	8	1	9	7	3	2	5
2	7	9	6	3	5	8	1	4
9	8	4	5	7	6	2	3	1
6	1	2	3	4	9	7	5	8
7	3	5	2	8	1	6	4	9
5	9	7	4	6	2	1	8	3
8	4	6	9	1	3	5	7	2
1	2	3	7	5	8	4	9	6

23

9	1	2	3	7	4	5	6	8
7	5	4	2	6	8	1	9	3
6	8	3	1	9	5	4	2	7
4	7	5	6	1	3	2	8	9
8	6	9	7	5	2	3	1	4
2	3	1	8	4	9	7	5	6
1	2	6	9	3	7	8	4	5
3	4	8	5	2	6	9	7	1
5	9	7	4	8	1	6	3	2

24

6	7	5	1	4	8	2	9	3
8	2	9	7	3	5	6	4	1
4	3	1	6	2	9	5	7	8
5	8	7	2	6	1	9	3	4
1	6	3	8	9	4	7	2	5
9	4	2	3	5	7	1	8	6
2	1	8	5	7	3	4	6	9
7	5	4	9	8	6	3	1	2
3	9	6	4	1	2	8	5	7

25

4	8	9	6	1	7	5	3	2
5	6	2	4	9	3	1	7	8
3	1	7	2	5	8	4	9	6
2	3	6	8	4	1	7	5	9
8	7	1	5	2	9	6	4	3
9	4	5	3	7	6	8	2	1
1	2	8	7	3	5	9	6	4
6	5	4	9	8	2	3	1	7
7	9	3	1	6	4	2	8	5

26

7	8	5	6	4	2	3	9	1
1	3	9	7	8	5	2	4	6
6	4	2	1	9	3	5	7	8
9	6	4	5	2	7	1	8	3
8	1	3	4	6	9	7	2	5
5	2	7	8	3	1	9	6	4
2	7	8	3	1	6	4	5	9
3	9	6	2	5	4	8	1	7
4	5	1	9	7	8	6	3	2

27

1	5	7	9	8	2	4	3	6
9	3	2	7	4	6	1	5	8
6	8	4	5	1	3	2	7	9
4	6	8	1	2	5	7	9	3
5	1	3	8	9	7	6	2	4
2	7	9	3	6	4	8	1	5
8	9	5	6	7	1	3	4	2
7	2	6	4	3	9	5	8	1
3	4	1	2	5	8	9	6	7

28

5	2	1	8	6	9	3	7	4
9	6	7	5	3	4	8	2	1
8	4	3	7	1	2	9	5	6
3	8	9	4	7	1	2	6	5
4	7	2	9	5	6	1	8	3
1	5	6	2	8	3	7	4	9
2	3	8	1	4	5	6	9	7
7	1	5	6	9	8	4	3	2
6	9	4	3	2	7	5	1	8

29

9	5	7	2	3	4	8	6	1
3	8	2	6	5	1	9	4	7
1	6	4	7	8	9	3	2	5
8	4	1	3	2	5	7	9	6
2	3	6	9	1	7	4	5	8
5	7	9	8	4	6	1	3	2
6	9	8	4	7	2	5	1	3
4	1	3	5	6	8	2	7	9
7	2	5	1	9	3	6	8	4

30

6	7	8	9	5	4	1	3	2
5	9	2	1	3	8	6	7	4
3	4	1	6	7	2	8	5	9
9	5	3	4	6	7	2	8	1
4	8	7	3	2	1	9	6	5
1	2	6	5	8	9	3	4	7
8	6	4	2	1	5	7	9	3
7	1	5	8	9	3	4	2	6
2	3	9	7	4	6	5	1	8

31

4	1	6	2	8	7	9	5	3
8	5	2	1	3	9	4	7	6
3	9	7	6	5	4	2	1	8
9	3	1	8	7	5	6	2	4
2	8	4	9	1	6	7	3	5
7	6	5	3	4	2	1	8	9
5	4	8	7	9	1	3	6	2
6	7	3	4	2	8	5	9	1
1	2	9	5	6	3	8	4	7

32

2	9	1	4	5	8	3	7	6
4	5	6	3	2	7	9	1	8
7	8	3	6	1	9	4	2	5
3	2	8	9	6	5	1	4	7
1	4	9	8	7	3	5	6	2
6	7	5	1	4	2	8	9	3
8	1	7	2	3	4	6	5	9
5	3	4	7	9	6	2	8	1
9	6	2	5	8	1	7	3	4

33

3	8	6	4	9	1	7	2	5
5	9	4	3	2	7	6	1	8
7	1	2	8	6	5	3	9	4
6	4	3	2	7	8	9	5	1
1	2	9	6	5	3	8	4	7
8	7	5	9	1	4	2	6	3
2	3	7	1	4	6	5	8	9
4	6	8	5	3	9	1	7	2
9	5	1	7	8	2	4	3	6

34

1	5	7	6	4	9	8	2	3
6	8	3	2	5	1	7	9	4
9	2	4	3	7	8	1	6	5
2	7	9	5	3	4	6	8	1
8	6	5	7	1	2	3	4	9
3	4	1	8	9	6	2	5	7
7	3	6	4	8	5	9	1	2
5	1	8	9	2	7	4	3	6
4	9	2	1	6	3	5	7	8

35

1	7	6	2	3	5	4	9	8
9	4	3	8	6	7	2	1	5
5	8	2	1	4	9	6	7	3
8	5	4	3	2	1	9	6	7
2	1	7	6	9	8	5	3	4
6	3	9	5	7	4	8	2	1
3	9	8	4	1	2	7	5	6
7	6	5	9	8	3	1	4	2
4	2	1	7	5	6	3	8	9

36

2	4	6	3	9	8	5	1	7
5	1	7	6	2	4	9	3	8
3	9	8	1	5	7	6	4	2
7	3	9	4	1	6	8	2	5
4	5	1	8	7	2	3	6	9
8	6	2	5	3	9	4	7	1
6	2	3	9	8	1	7	5	4
9	7	5	2	4	3	1	8	6
1	8	4	7	6	5	2	9	3

37

5	7	2	9	1	8	4	3	6
6	9	8	5	3	4	1	7	2
1	3	4	7	2	6	8	5	9
4	5	6	1	7	3	2	9	8
2	1	9	8	6	5	3	4	7
3	8	7	2	4	9	5	6	1
7	6	3	4	8	1	9	2	5
8	2	5	3	9	7	6	1	4
9	4	1	6	5	2	7	8	3

38

4	9	3	2	5	6	8	1	7
8	2	7	1	4	3	9	6	5
5	6	1	8	7	9	3	2	4
1	3	2	9	8	7	5	4	6
9	5	4	6	2	1	7	8	3
6	7	8	5	3	4	1	9	2
2	4	9	3	1	5	6	7	8
7	1	5	4	6	8	2	3	9
3	8	6	7	9	2	4	5	1

39

8	7	4	6	1	3	5	2	9
1	5	6	7	9	2	4	3	8
3	2	9	5	8	4	6	7	1
9	1	8	4	7	5	3	6	2
5	3	2	8	6	1	7	9	4
6	4	7	2	3	9	8	1	5
7	8	5	9	2	6	1	4	3
4	9	3	1	5	7	2	8	6
2	6	1	3	4	8	9	5	7

40

6	7	3	1	9	5	2	8	4
2	1	8	4	3	7	6	9	5
4	9	5	6	2	8	7	3	1
8	5	1	3	7	6	9	4	2
7	3	6	2	4	9	5	1	8
9	2	4	5	8	1	3	6	7
1	4	2	7	6	3	8	5	9
3	8	7	9	5	4	1	2	6
5	6	9	8	1	2	4	7	3

41

5	7	2	3	9	1	4	8	6
8	4	3	6	2	7	5	1	9
1	6	9	5	8	4	7	2	3
2	9	6	4	7	3	8	5	1
3	5	4	2	1	8	6	9	7
7	1	8	9	5	6	3	4	2
9	3	7	8	4	2	1	6	5
4	2	1	7	6	5	9	3	8
6	8	5	1	3	9	2	7	4

42

1	4	6	3	9	8	2	7	5
8	9	5	1	7	2	6	3	4
2	7	3	6	5	4	1	8	9
7	2	9	5	8	1	3	4	6
4	6	1	2	3	9	7	5	8
3	5	8	4	6	7	9	1	2
9	1	7	8	2	5	4	6	3
6	8	4	9	1	3	5	2	7
5	3	2	7	4	6	8	9	1

43

4	5	2	7	6	8	9	3	1
9	7	3	1	5	4	8	2	6
8	6	1	2	9	3	4	7	5
5	8	7	6	4	9	2	1	3
6	2	9	5	3	1	7	4	8
3	1	4	8	2	7	6	5	9
7	4	5	3	8	6	1	9	2
1	3	8	9	7	2	5	6	4
2	9	6	4	1	5	3	8	7

44

1	9	3	7	2	8	5	4	6
5	2	4	9	6	1	3	8	7
7	6	8	3	4	5	9	2	1
2	5	1	6	7	9	8	3	4
3	4	9	1	8	2	6	7	5
6	8	7	5	3	4	2	1	9
8	7	6	4	5	3	1	9	2
4	1	2	8	9	6	7	5	3
9	3	5	2	1	7	4	6	8

45

3	7	4	6	2	1	5	8	9
1	8	6	9	7	5	3	4	2
2	9	5	8	4	3	6	7	1
4	5	1	7	3	2	8	9	6
6	2	9	5	8	4	7	1	3
8	3	7	1	6	9	2	5	4
5	6	2	4	9	7	1	3	8
7	4	8	3	1	6	9	2	5
9	1	3	2	5	8	4	6	7

46

7	8	4	6	1	9	5	2	3
3	9	5	4	8	2	6	1	7
1	6	2	3	7	5	9	4	8
9	5	6	1	2	7	8	3	4
2	4	7	8	9	3	1	6	5
8	1	3	5	6	4	7	9	2
6	7	9	2	4	8	3	5	1
5	2	1	7	3	6	4	8	9
4	3	8	9	5	1	2	7	6

47

9	2	6	5	8	1	7	3	4
7	3	4	6	9	2	8	5	1
8	5	1	7	4	3	6	9	2
1	7	5	2	3	8	9	4	6
4	8	2	1	6	9	5	7	3
3	6	9	4	5	7	1	2	8
6	4	8	9	2	5	3	1	7
2	9	7	3	1	6	4	8	5
5	1	3	8	7	4	2	6	9

48

4	6	8	9	3	5	1	7	2
3	1	5	7	2	8	9	4	6
7	2	9	6	1	4	8	5	3
2	4	1	3	9	7	5	6	8
9	7	6	5	8	2	4	3	1
8	5	3	4	6	1	7	2	9
6	9	7	8	5	3	2	1	4
5	8	2	1	4	6	3	9	7
1	3	4	2	7	9	6	8	5

49

1	2	7	9	3	8	6	4	5
6	5	3	4	7	1	9	8	2
9	4	8	6	5	2	3	1	7
4	9	5	1	6	3	2	7	8
2	8	6	7	9	5	1	3	4
7	3	1	8	2	4	5	6	9
8	6	9	5	1	7	4	2	3
3	1	4	2	8	9	7	5	6
5	7	2	3	4	6	8	9	1

50

3	7	4	5	8	1	6	9	2
2	1	5	3	6	9	8	4	7
9	8	6	4	7	2	5	1	3
8	5	3	2	1	4	9	7	6
6	4	7	8	9	3	1	2	5
1	2	9	7	5	6	4	3	8
4	6	8	9	3	7	2	5	1
7	9	1	6	2	5	3	8	4
5	3	2	1	4	8	7	6	9

51

4	9	6	3	2	7	1	5	8
2	7	1	4	8	5	3	6	9
3	5	8	9	6	1	2	7	4
5	6	7	1	9	3	8	4	2
1	8	3	6	4	2	5	9	7
9	4	2	5	7	8	6	3	1
7	3	9	8	1	6	4	2	5
8	2	5	7	3	4	9	1	6
6	1	4	2	5	9	7	8	3

52

5	2	7	1	4	3	6	8	9
1	4	9	5	8	6	7	3	2
3	8	6	2	9	7	5	4	1
2	9	5	8	7	1	4	6	3
4	1	3	6	2	5	9	7	8
6	7	8	4	3	9	1	2	5
9	5	2	3	6	4	8	1	7
8	6	1	7	5	2	3	9	4
7	3	4	9	1	8	2	5	6

53

1	4	9	5	8	2	7	3	6
3	5	2	7	4	6	1	8	9
6	8	7	9	1	3	2	5	4
9	3	1	6	2	8	4	7	5
2	6	4	1	7	5	8	9	3
8	7	5	3	9	4	6	2	1
5	9	8	2	6	1	3	4	7
7	2	6	4	3	9	5	1	8
4	1	3	8	5	7	9	6	2

54

9	5	3	4	7	8	2	1	6
2	1	7	5	6	3	9	8	4
4	6	8	1	2	9	5	7	3
1	9	6	2	4	5	8	3	7
5	3	4	7	8	1	6	9	2
8	7	2	3	9	6	4	5	1
6	2	1	9	5	7	3	4	8
3	4	9	8	1	2	7	6	5
7	8	5	6	3	4	1	2	9

55

8	4	9	1	2	3	6	7	5
7	3	2	8	5	6	9	4	1
5	6	1	7	9	4	3	2	8
3	8	7	5	6	9	2	1	4
9	5	4	3	1	2	8	6	7
2	1	6	4	7	8	5	3	9
1	9	5	6	3	7	4	8	2
4	7	3	2	8	5	1	9	6
6	2	8	9	4	1	7	5	3

56

9	5	6	4	1	7	8	3	2
8	1	7	5	3	2	6	4	9
4	3	2	6	8	9	1	7	5
6	8	1	7	9	5	4	2	3
2	9	4	3	6	1	5	8	7
3	7	5	2	4	8	9	6	1
7	2	9	8	5	6	3	1	4
5	6	3	1	7	4	2	9	8
1	4	8	9	2	3	7	5	6

57

3	1	8	7	4	9	6	2	5
7	6	5	3	1	2	9	4	8
9	4	2	5	8	6	1	3	7
5	8	7	6	9	4	2	1	3
4	9	1	2	7	3	8	5	6
2	3	6	1	5	8	7	9	4
1	7	4	9	6	5	3	8	2
6	5	3	8	2	1	4	7	9
8	2	9	4	3	7	5	6	1

58

7	5	6	8	4	9	3	2	1
2	9	8	7	1	3	4	6	5
1	4	3	5	6	2	9	8	7
6	1	5	2	8	4	7	3	9
3	7	4	9	5	6	2	1	8
8	2	9	1	3	7	6	5	4
4	8	2	6	9	1	5	7	3
5	3	7	4	2	8	1	9	6
9	6	1	3	7	5	8	4	2

59

3	8	6	9	1	2	7	5	4
4	2	7	6	3	5	8	9	1
1	9	5	8	4	7	2	3	6
9	4	2	5	7	1	6	8	3
5	7	8	3	2	6	1	4	9
6	3	1	4	8	9	5	2	7
2	5	9	7	6	4	3	1	8
7	1	3	2	9	8	4	6	5
8	6	4	1	5	3	9	7	2

60

8	9	7	2	3	5	4	6	1
4	5	3	6	9	1	2	7	8
1	2	6	4	7	8	9	3	5
9	3	4	1	5	2	6	8	7
6	8	2	3	4	7	5	1	9
5	7	1	8	6	9	3	2	4
2	4	8	9	1	3	7	5	6
3	6	5	7	8	4	1	9	2
7	1	9	5	2	6	8	4	3

61

9	6	1	2	8	7	3	4	5
3	8	5	4	9	6	1	2	7
2	7	4	3	5	1	9	8	6
4	9	7	5	3	8	6	1	2
6	2	3	9	1	4	5	7	8
5	1	8	6	7	2	4	9	3
7	4	9	8	6	5	2	3	1
1	5	2	7	4	3	8	6	9
8	3	6	1	2	9	7	5	4

62

3	1	4	6	8	7	5	9	2
9	7	2	5	4	1	3	8	6
8	5	6	2	9	3	7	1	4
5	6	3	9	1	8	4	2	7
4	9	7	3	5	2	8	6	1
2	8	1	7	6	4	9	5	3
1	2	9	4	7	5	6	3	8
7	3	5	8	2	6	1	4	9
6	4	8	1	3	9	2	7	5

63

9	8	3	7	4	6	2	5	1
6	4	1	5	9	2	8	7	3
2	7	5	3	8	1	6	4	9
3	6	2	1	7	8	5	9	4
7	1	8	4	5	9	3	6	2
5	9	4	2	6	3	7	1	8
8	5	7	9	3	4	1	2	6
4	2	6	8	1	7	9	3	5
1	3	9	6	2	5	4	8	7

64

7	8	6	5	2	4	1	3	9
3	4	9	1	6	7	5	2	8
2	5	1	8	3	9	4	6	7
4	2	7	3	5	8	9	1	6
9	1	3	4	7	6	2	8	5
5	6	8	9	1	2	7	4	3
8	9	2	6	4	5	3	7	1
1	7	5	2	8	3	6	9	4
6	3	4	7	9	1	8	5	2

65

7	5	8	4	1	3	6	9	2
3	4	6	2	9	5	8	1	7
1	9	2	6	7	8	5	3	4
9	1	5	7	8	2	3	4	6
4	6	3	9	5	1	2	7	8
2	8	7	3	4	6	1	5	9
5	2	4	8	3	7	9	6	1
8	3	9	1	6	4	7	2	5
6	7	1	5	2	9	4	8	3

66

2	8	4	7	9	5	1	3	6
1	7	3	6	4	2	5	9	8
6	5	9	1	8	3	4	7	2
4	2	7	9	3	6	8	1	5
5	9	6	8	1	4	3	2	7
8	3	1	2	5	7	6	4	9
7	1	2	3	6	8	9	5	4
3	4	8	5	7	9	2	6	1
9	6	5	4	2	1	7	8	3

67

7	3	6	2	9	5	8	1	4
5	1	9	6	4	8	2	7	3
8	4	2	1	7	3	6	5	9
4	2	8	7	5	9	1	3	6
6	5	7	4	3	1	9	2	8
1	9	3	8	6	2	5	4	7
3	7	5	9	1	6	4	8	2
2	6	4	5	8	7	3	9	1
9	8	1	3	2	4	7	6	5

68

8	3	9	7	5	1	4	2	6
2	6	5	4	9	8	3	1	7
4	1	7	3	2	6	8	9	5
5	2	6	8	1	3	9	7	4
1	9	8	5	4	7	6	3	2
3	7	4	9	6	2	1	5	8
9	8	2	6	3	5	7	4	1
7	5	3	1	8	4	2	6	9
6	4	1	2	7	9	5	8	3

69

3	6	8	2	4	9	5	1	7
5	9	2	8	1	7	4	3	6
7	1	4	3	6	5	9	2	8
8	4	5	9	2	6	3	7	1
9	3	1	7	5	8	6	4	2
6	2	7	4	3	1	8	9	5
1	8	3	6	9	2	7	5	4
2	7	9	5	8	4	1	6	3
4	5	6	1	7	3	2	8	9

70

1	2	6	9	7	3	5	4	8
7	5	4	6	1	8	2	9	3
8	3	9	2	4	5	7	6	1
9	6	8	1	5	4	3	2	7
5	4	7	3	6	2	8	1	9
2	1	3	7	8	9	6	5	4
3	8	1	4	2	6	9	7	5
6	7	5	8	9	1	4	3	2
4	9	2	5	3	7	1	8	6

71

4	1	9	3	6	2	7	8	5
2	3	7	1	5	8	6	9	4
6	8	5	7	4	9	3	1	2
7	5	1	9	3	6	4	2	8
3	9	2	5	8	4	1	7	6
8	6	4	2	7	1	5	3	9
1	4	6	8	9	7	2	5	3
9	2	3	6	1	5	8	4	7
5	7	8	4	2	3	9	6	1

72

4	1	5	3	2	9	6	7	8
8	7	2	1	6	4	3	5	9
9	3	6	5	8	7	4	2	1
2	6	8	4	9	1	7	3	5
7	5	1	2	3	6	9	8	4
3	4	9	7	5	8	2	1	6
6	2	4	8	7	5	1	9	3
5	9	7	6	1	3	8	4	2
1	8	3	9	4	2	5	6	7

73

7	8	9	1	6	3	5	4	2
4	5	3	7	8	2	9	6	1
6	1	2	5	9	4	7	3	8
2	4	5	8	7	1	6	9	3
9	3	8	4	2	6	1	7	5
1	7	6	9	3	5	8	2	4
3	9	7	2	5	8	4	1	6
5	2	1	6	4	9	3	8	7
8	6	4	3	1	7	2	5	9

74

9	3	2	8	4	7	5	6	1
1	8	6	5	9	2	4	7	3
7	4	5	6	1	3	8	9	2
3	6	9	7	2	4	1	8	5
5	7	8	3	6	1	2	4	9
2	1	4	9	5	8	7	3	6
8	9	7	2	3	5	6	1	4
6	2	1	4	8	9	3	5	7
4	5	3	1	7	6	9	2	8

75

9	1	2	4	7	6	5	8	3
7	4	8	9	5	3	6	2	1
3	6	5	1	2	8	4	9	7
2	5	7	6	9	4	1	3	8
4	3	1	7	8	5	2	6	9
8	9	6	3	1	2	7	5	4
6	8	4	5	3	7	9	1	2
1	7	3	2	6	9	8	4	5
5	2	9	8	4	1	3	7	6

76

2	8	3	6	9	5	1	7	4
6	4	9	2	7	1	8	3	5
5	1	7	4	8	3	6	9	2
1	5	2	9	4	7	3	6	8
8	3	6	1	5	2	7	4	9
9	7	4	3	6	8	5	2	1
4	6	1	5	3	9	2	8	7
7	9	5	8	2	6	4	1	3
3	2	8	7	1	4	9	5	6

77

3	9	4	5	6	1	7	2	8
6	8	5	9	2	7	3	4	1
1	7	2	8	3	4	6	5	9
4	2	8	7	1	3	9	6	5
5	6	9	4	8	2	1	3	7
7	1	3	6	9	5	2	8	4
2	3	7	1	4	8	5	9	6
9	4	1	2	5	6	8	7	3
8	5	6	3	7	9	4	1	2

78

4	9	1	7	5	6	2	8	3
3	6	7	4	2	8	1	9	5
2	8	5	9	1	3	7	6	4
7	1	6	8	3	4	5	2	9
8	2	4	5	9	1	3	7	6
9	5	3	2	6	7	4	1	8
5	4	9	6	7	2	8	3	1
6	3	2	1	8	5	9	4	7
1	7	8	3	4	9	6	5	2

79

1	2	7	4	6	5	8	9	3
9	8	3	1	7	2	4	5	6
4	6	5	3	9	8	2	1	7
2	3	6	7	4	9	5	8	1
8	4	9	6	5	1	3	7	2
5	7	1	8	2	3	9	6	4
6	9	2	5	3	7	1	4	8
3	1	4	9	8	6	7	2	5
7	5	8	2	1	4	6	3	9

80

3	2	4	8	6	9	7	1	5
1	8	5	4	3	7	6	9	2
6	9	7	5	2	1	3	8	4
7	4	6	3	8	2	9	5	1
5	3	8	9	1	4	2	7	6
2	1	9	6	7	5	8	4	3
4	6	2	7	5	8	1	3	9
9	7	1	2	4	3	5	6	8
8	5	3	1	9	6	4	2	7

81

1	9	3	4	8	2	5	7	6
8	6	5	7	3	1	4	2	9
2	4	7	6	5	9	8	1	3
5	7	6	2	4	3	9	8	1
9	3	1	8	6	7	2	4	5
4	8	2	1	9	5	3	6	7
7	2	9	3	1	8	6	5	4
3	1	4	5	2	6	7	9	8
6	5	8	9	7	4	1	3	2

82

5	9	2	7	4	3	1	8	6
7	3	4	6	1	8	2	5	9
8	6	1	2	5	9	3	7	4
9	4	6	3	7	5	8	1	2
2	7	3	9	8	1	6	4	5
1	5	8	4	2	6	9	3	7
6	8	5	1	9	7	4	2	3
4	1	9	5	3	2	7	6	8
3	2	7	8	6	4	5	9	1

83

2	1	3	6	4	7	9	5	8
6	7	5	2	9	8	4	1	3
8	4	9	3	1	5	7	2	6
1	8	7	5	6	3	2	9	4
5	3	6	4	2	9	8	7	1
9	2	4	7	8	1	6	3	5
3	5	2	8	7	6	1	4	9
7	6	1	9	3	4	5	8	2
4	9	8	1	5	2	3	6	7

84

4	2	6	3	5	8	1	9	7
5	7	8	1	6	9	3	4	2
1	3	9	2	4	7	5	8	6
8	6	5	9	2	3	4	7	1
9	4	3	5	7	1	6	2	8
7	1	2	4	8	6	9	3	5
6	8	4	7	9	5	2	1	3
2	5	1	8	3	4	7	6	9
3	9	7	6	1	2	8	5	4

85

6	8	1	9	4	3	5	7	2
2	4	9	6	5	7	3	1	8
7	3	5	2	8	1	4	9	6
5	7	2	4	6	9	8	3	1
1	6	4	8	3	2	9	5	7
3	9	8	1	7	5	2	6	4
4	5	6	3	1	8	7	2	9
9	1	7	5	2	4	6	8	3
8	2	3	7	9	6	1	4	5

86

8	2	6	3	1	9	4	7	5
3	7	9	5	8	4	2	6	1
5	1	4	7	6	2	8	3	9
7	9	3	1	5	8	6	2	4
1	8	5	4	2	6	7	9	3
6	4	2	9	7	3	5	1	8
4	5	1	6	9	7	3	8	2
2	3	7	8	4	1	9	5	6
9	6	8	2	3	5	1	4	7

87

2	3	9	4	8	6	7	1	5
4	8	1	3	5	7	2	6	9
6	7	5	1	9	2	8	4	3
9	1	7	6	3	4	5	2	8
5	4	3	8	2	9	6	7	1
8	6	2	7	1	5	9	3	4
3	2	4	5	6	8	1	9	7
1	5	6	9	7	3	4	8	2
7	9	8	2	4	1	3	5	6

88

8	6	1	3	4	9	2	7	5
7	2	3	8	6	5	4	1	9
5	9	4	7	2	1	8	3	6
9	4	2	5	8	3	1	6	7
1	5	6	4	7	2	3	9	8
3	7	8	9	1	6	5	4	2
4	3	7	2	9	8	6	5	1
6	8	9	1	5	4	7	2	3
2	1	5	6	3	7	9	8	4

89

7	4	5	2	8	9	1	6	3
6	1	9	7	4	3	8	5	2
8	3	2	1	5	6	7	9	4
2	7	4	9	6	5	3	8	1
9	6	3	8	7	1	4	2	5
5	8	1	4	3	2	6	7	9
4	9	7	5	1	8	2	3	6
3	5	8	6	2	4	9	1	7
1	2	6	3	9	7	5	4	8

90

9	2	1	7	6	3	5	8	4
3	5	6	2	8	4	9	7	1
8	7	4	9	1	5	3	2	6
1	3	7	6	2	8	4	5	9
4	6	5	3	7	9	2	1	8
2	9	8	4	5	1	7	6	3
7	4	2	1	3	6	8	9	5
6	8	3	5	9	2	1	4	7
5	1	9	8	4	7	6	3	2

91

6	4	7	1	2	9	5	3	8
3	2	9	4	5	8	7	1	6
5	8	1	7	3	6	9	4	2
8	6	3	5	9	2	4	7	1
2	9	4	3	1	7	6	8	5
1	7	5	6	8	4	3	2	9
4	5	2	9	7	1	8	6	3
9	1	6	8	4	3	2	5	7
7	3	8	2	6	5	1	9	4

92

3	9	6	1	2	8	5	7	4
2	4	7	5	9	3	1	8	6
8	5	1	6	4	7	9	3	2
9	3	4	8	6	5	2	1	7
5	7	2	9	3	1	4	6	8
1	6	8	2	7	4	3	5	9
6	8	5	4	1	2	7	9	3
4	1	3	7	8	9	6	2	5
7	2	9	3	5	6	8	4	1

93

7	3	2	8	5	9	4	1	6
1	8	5	7	6	4	9	2	3
4	6	9	2	3	1	8	7	5
8	7	1	9	2	3	5	6	4
5	4	6	1	8	7	3	9	2
9	2	3	5	4	6	7	8	1
2	1	4	3	9	8	6	5	7
3	5	8	6	7	2	1	4	9
6	9	7	4	1	5	2	3	8

94

4	8	9	6	2	7	5	1	3
3	2	6	4	1	5	7	8	9
1	5	7	9	8	3	4	6	2
2	3	8	1	4	9	6	5	7
6	7	1	3	5	8	2	9	4
5	9	4	7	6	2	1	3	8
9	4	3	5	7	6	8	2	1
7	6	2	8	9	1	3	4	5
8	1	5	2	3	4	9	7	6

95

4	8	9	2	6	7	3	1	5
1	2	7	8	5	3	9	6	4
5	3	6	9	1	4	8	2	7
9	5	4	3	8	6	2	7	1
8	7	2	1	4	9	5	3	6
6	1	3	5	7	2	4	8	9
3	9	5	7	2	1	6	4	8
7	4	8	6	3	5	1	9	2
2	6	1	4	9	8	7	5	3

96

2	5	1	9	6	3	4	7	8
7	8	3	2	1	4	6	5	9
4	6	9	8	7	5	1	3	2
3	2	8	4	9	7	5	1	6
5	4	6	1	2	8	3	9	7
9	1	7	5	3	6	2	8	4
1	3	4	6	8	9	7	2	5
6	9	2	7	5	1	8	4	3
8	7	5	3	4	2	9	6	1

97

5	2	1	6	3	7	8	4	9
6	9	7	8	2	4	5	1	3
3	8	4	1	9	5	6	2	7
7	3	2	4	8	1	9	6	5
1	4	6	7	5	9	2	3	8
9	5	8	3	6	2	4	7	1
8	1	5	2	7	6	3	9	4
2	7	3	9	4	8	1	5	6
4	6	9	5	1	3	7	8	2

98

3	2	5	8	1	7	4	9	6
7	6	4	3	5	9	1	2	8
1	9	8	4	2	6	3	5	7
9	3	2	5	6	1	8	7	4
4	1	7	2	8	3	5	6	9
5	8	6	7	9	4	2	1	3
8	4	1	9	7	2	6	3	5
2	7	3	6	4	5	9	8	1
6	5	9	1	3	8	7	4	2

99

7	2	3	1	9	6	4	5	8
9	6	5	4	2	8	1	3	7
8	1	4	7	5	3	9	6	2
3	5	8	2	1	9	7	4	6
4	9	1	6	8	7	5	2	3
6	7	2	5	3	4	8	1	9
5	8	9	3	4	2	6	7	1
1	3	6	8	7	5	2	9	4
2	4	7	9	6	1	3	8	5

100

7	6	2	4	8	9	1	5	3
1	5	8	3	2	7	6	4	9
4	9	3	1	6	5	7	8	2
9	8	5	7	3	4	2	1	6
3	2	7	5	1	6	4	9	8
6	1	4	2	9	8	3	7	5
5	4	9	6	7	3	8	2	1
8	3	1	9	4	2	5	6	7
2	7	6	8	5	1	9	3	4

101

3	2	6	9	8	7	4	1	5
7	1	9	4	5	2	6	8	3
5	4	8	3	6	1	9	7	2
2	6	5	8	3	9	7	4	1
4	9	7	1	2	5	3	6	8
8	3	1	7	4	6	5	2	9
9	5	2	6	1	4	8	3	7
6	7	3	2	9	8	1	5	4
1	8	4	5	7	3	2	9	6

102

2	6	7	9	8	3	5	4	1
4	5	9	2	6	1	8	7	3
8	1	3	5	7	4	2	6	9
5	9	4	1	2	7	3	8	6
3	7	8	4	5	6	1	9	2
6	2	1	3	9	8	4	5	7
7	3	2	8	4	9	6	1	5
1	8	6	7	3	5	9	2	4
9	4	5	6	1	2	7	3	8

103

1	2	8	4	6	3	5	7	9
5	7	6	8	1	9	4	3	2
3	9	4	5	7	2	8	1	6
9	3	2	6	5	1	7	4	8
7	8	1	9	2	4	6	5	3
6	4	5	3	8	7	2	9	1
4	5	3	2	9	6	1	8	7
2	1	9	7	4	8	3	6	5
8	6	7	1	3	5	9	2	4

104

1	5	9	8	4	7	3	2	6
7	8	3	2	6	5	1	4	9
6	2	4	9	3	1	7	5	8
3	4	8	7	9	2	5	6	1
9	6	7	1	5	4	2	8	3
5	1	2	3	8	6	4	9	7
8	3	1	4	2	9	6	7	5
2	9	6	5	7	3	8	1	4
4	7	5	6	1	8	9	3	2

105

8	5	2	3	1	9	6	7	4
1	4	3	8	7	6	9	2	5
7	6	9	2	5	4	3	8	1
2	1	7	6	3	5	4	9	8
9	3	5	1	4	8	7	6	2
4	8	6	7	9	2	5	1	3
6	7	1	4	8	3	2	5	9
5	2	4	9	6	1	8	3	7
3	9	8	5	2	7	1	4	6

106

3	1	5	7	6	4	9	2	8
2	8	4	1	9	3	5	7	6
6	7	9	2	8	5	3	1	4
4	3	2	8	7	1	6	5	9
5	9	8	4	2	6	7	3	1
1	6	7	5	3	9	4	8	2
7	4	3	6	1	8	2	9	5
9	5	1	3	4	2	8	6	7
8	2	6	9	5	7	1	4	3

107

7	1	2	6	4	9	8	3	5
8	3	5	2	7	1	6	4	9
4	9	6	8	3	5	2	1	7
9	4	3	7	1	2	5	6	8
6	5	8	4	9	3	1	7	2
2	7	1	5	6	8	3	9	4
1	8	7	9	2	6	4	5	3
3	2	9	1	5	4	7	8	6
5	6	4	3	8	7	9	2	1

108

5	4	9	8	7	2	6	3	1
1	3	7	9	4	6	8	5	2
2	6	8	1	3	5	4	9	7
6	1	2	5	8	9	7	4	3
7	5	3	6	2	4	1	8	9
9	8	4	3	1	7	5	2	6
3	2	6	7	5	8	9	1	4
8	9	1	4	6	3	2	7	5
4	7	5	2	9	1	3	6	8

109

6	2	1	5	8	7	4	3	9
5	8	4	1	3	9	7	2	6
9	3	7	6	4	2	8	1	5
8	6	5	3	7	1	2	9	4
1	4	3	9	2	8	5	6	7
2	7	9	4	6	5	1	8	3
3	1	8	7	5	6	9	4	2
7	9	6	2	1	4	3	5	8
4	5	2	8	9	3	6	7	1

110

9	8	5	2	7	3	6	4	1
2	3	6	5	1	4	8	9	7
1	7	4	6	9	8	3	2	5
7	1	3	4	6	2	5	8	9
6	2	8	3	5	9	7	1	4
4	5	9	7	8	1	2	6	3
3	6	2	1	4	7	9	5	8
8	4	7	9	2	5	1	3	6
5	9	1	8	3	6	4	7	2

111

4	3	9	5	6	7	1	8	2
6	7	8	3	1	2	4	5	9
2	5	1	8	4	9	6	3	7
3	6	5	4	7	8	2	9	1
8	1	4	9	2	6	3	7	5
7	9	2	1	5	3	8	4	6
5	2	3	6	9	4	7	1	8
1	4	6	7	8	5	9	2	3
9	8	7	2	3	1	5	6	4

112

1	3	2	5	8	9	6	4	7
4	7	5	1	6	2	3	8	9
6	9	8	3	7	4	1	5	2
3	4	1	7	9	6	5	2	8
8	2	6	4	1	5	9	7	3
9	5	7	8	2	3	4	1	6
7	6	4	9	5	8	2	3	1
2	1	3	6	4	7	8	9	5
5	8	9	2	3	1	7	6	4

113

7	2	5	6	4	9	3	1	8
3	1	6	7	2	8	9	4	5
8	9	4	5	1	3	2	7	6
4	8	7	3	6	1	5	9	2
1	3	2	8	9	5	7	6	4
5	6	9	2	7	4	1	8	3
6	5	8	9	3	7	4	2	1
2	7	1	4	5	6	8	3	9
9	4	3	1	8	2	6	5	7

114

3	1	4	9	7	5	2	8	6
6	2	5	1	3	8	7	9	4
7	9	8	2	6	4	5	1	3
2	8	1	4	9	6	3	5	7
5	7	6	3	2	1	8	4	9
4	3	9	5	8	7	1	6	2
8	5	7	6	4	2	9	3	1
1	4	3	7	5	9	6	2	8
9	6	2	8	1	3	4	7	5

115

6	1	4	5	2	7	3	8	9
8	2	3	9	6	1	5	7	4
5	7	9	8	4	3	6	2	1
9	4	6	2	7	8	1	3	5
7	8	5	3	1	6	9	4	2
1	3	2	4	9	5	8	6	7
2	6	8	1	5	4	7	9	3
4	5	7	6	3	9	2	1	8
3	9	1	7	8	2	4	5	6

116

4	8	6	5	9	7	3	2	1
1	3	9	4	6	2	7	5	8
5	7	2	8	1	3	6	9	4
7	6	3	1	8	9	2	4	5
9	1	5	7	2	4	8	3	6
2	4	8	3	5	6	1	7	9
6	9	4	2	7	1	5	8	3
3	5	7	6	4	8	9	1	2
8	2	1	9	3	5	4	6	7

117

2	6	3	4	1	9	8	7	5
9	8	1	3	7	5	6	2	4
7	4	5	2	6	8	1	3	9
1	7	6	5	3	2	9	4	8
5	3	9	6	8	4	2	1	7
4	2	8	7	9	1	5	6	3
3	5	4	9	2	6	7	8	1
8	9	2	1	4	7	3	5	6
6	1	7	8	5	3	4	9	2

118

3	6	9	4	8	7	2	5	1
5	2	4	9	3	1	6	8	7
7	8	1	6	5	2	3	9	4
2	3	6	7	1	5	8	4	9
1	9	8	3	4	6	5	7	2
4	7	5	2	9	8	1	6	3
9	5	7	8	2	3	4	1	6
8	4	2	1	6	9	7	3	5
6	1	3	5	7	4	9	2	8

119

3	6	9	1	4	5	8	7	2
8	4	1	6	7	2	3	9	5
7	2	5	8	9	3	6	4	1
5	3	7	9	1	4	2	8	6
4	9	2	5	8	6	7	1	3
6	1	8	3	2	7	4	5	9
9	5	3	4	6	8	1	2	7
1	7	4	2	3	9	5	6	8
2	8	6	7	5	1	9	3	4

120

8	7	5	4	2	6	9	1	3
1	6	9	3	5	8	4	7	2
4	2	3	1	7	9	6	8	5
2	8	1	6	3	4	7	5	9
6	9	4	5	8	7	2	3	1
3	5	7	2	9	1	8	6	4
7	4	2	8	1	3	5	9	6
9	1	6	7	4	5	3	2	8
5	3	8	9	6	2	1	4	7

121

9	1	4	3	2	8	5	7	6
5	7	2	1	9	6	4	8	3
3	8	6	7	5	4	2	9	1
6	3	7	8	1	5	9	2	4
4	9	5	6	3	2	7	1	8
1	2	8	9	4	7	3	6	5
7	5	3	2	6	1	8	4	9
8	6	9	4	7	3	1	5	2
2	4	1	5	8	9	6	3	7

122

4	6	2	7	9	8	5	1	3
1	8	7	2	3	5	9	6	4
9	5	3	4	6	1	2	8	7
6	9	5	8	7	2	3	4	1
8	2	4	1	5	3	6	7	9
7	3	1	6	4	9	8	5	2
2	4	9	5	1	6	7	3	8
3	1	6	9	8	7	4	2	5
5	7	8	3	2	4	1	9	6

123

5	4	9	3	7	8	6	2	1
6	8	3	2	1	9	4	5	7
1	2	7	4	5	6	3	8	9
2	7	5	1	3	4	8	9	6
3	1	6	8	9	7	2	4	5
8	9	4	6	2	5	1	7	3
4	5	2	7	6	1	9	3	8
7	6	8	9	4	3	5	1	2
9	3	1	5	8	2	7	6	4

124

5	2	4	9	8	7	1	6	3
8	9	3	1	4	6	7	5	2
7	6	1	5	2	3	4	8	9
4	7	6	3	1	8	9	2	5
1	3	8	2	5	9	6	7	4
2	5	9	6	7	4	3	1	8
3	8	5	4	6	1	2	9	7
9	1	7	8	3	2	5	4	6
6	4	2	7	9	5	8	3	1

125

1	9	4	2	3	7	6	5	8
2	3	6	5	8	9	4	7	1
7	5	8	6	1	4	3	9	2
8	4	9	7	6	3	1	2	5
5	1	2	4	9	8	7	6	3
3	6	7	1	2	5	8	4	9
4	7	1	8	5	2	9	3	6
9	8	5	3	7	6	2	1	4
6	2	3	9	4	1	5	8	7

126

4	3	8	7	2	9	5	1	6
7	6	9	5	3	1	4	8	2
1	5	2	6	4	8	7	9	3
3	1	5	8	7	6	2	4	9
9	4	7	2	1	3	6	5	8
2	8	6	4	9	5	1	3	7
6	2	3	1	8	4	9	7	5
8	7	4	9	5	2	3	6	1
5	9	1	3	6	7	8	2	4

127

9	3	5	6	7	4	2	1	8
1	2	7	3	9	8	5	4	6
8	4	6	1	2	5	9	7	3
5	8	3	2	4	1	6	9	7
2	1	4	9	6	7	3	8	5
6	7	9	5	8	3	1	2	4
7	9	2	4	3	6	8	5	1
4	6	1	8	5	2	7	3	9
3	5	8	7	1	9	4	6	2

128

7	6	4	3	1	8	9	2	5
3	1	9	7	5	2	6	8	4
5	2	8	9	6	4	7	3	1
4	7	3	8	9	1	5	6	2
6	8	2	5	3	7	4	1	9
1	9	5	2	4	6	8	7	3
2	3	6	4	8	5	1	9	7
9	5	1	6	7	3	2	4	8
8	4	7	1	2	9	3	5	6

129

5	1	3	9	6	2	8	4	7
9	2	4	7	5	8	6	3	1
8	6	7	3	4	1	5	2	9
7	5	1	8	9	4	2	6	3
2	4	8	1	3	6	7	9	5
6	3	9	2	7	5	1	8	4
1	8	5	4	2	3	9	7	6
3	7	6	5	8	9	4	1	2
4	9	2	6	1	7	3	5	8

130

3	5	7	6	8	2	4	1	9
6	1	4	7	5	9	8	3	2
2	8	9	1	3	4	6	7	5
8	2	3	9	7	1	5	6	4
4	7	5	2	6	8	1	9	3
9	6	1	5	4	3	7	2	8
1	9	8	4	2	7	3	5	6
7	4	6	3	9	5	2	8	1
5	3	2	8	1	6	9	4	7

131

9	3	5	2	7	4	1	8	6
1	2	8	3	9	6	5	7	4
4	7	6	5	8	1	9	2	3
6	4	7	8	1	2	3	9	5
5	9	3	6	4	7	8	1	2
2	8	1	9	3	5	6	4	7
7	1	9	4	6	3	2	5	8
8	6	2	7	5	9	4	3	1
3	5	4	1	2	8	7	6	9

132

9	8	6	7	2	3	1	5	4
2	7	4	1	9	5	8	3	6
3	5	1	8	4	6	2	7	9
8	2	3	9	6	4	5	1	7
4	6	7	3	5	1	9	8	2
1	9	5	2	8	7	6	4	3
7	4	8	6	1	9	3	2	5
5	1	9	4	3	2	7	6	8
6	3	2	5	7	8	4	9	1

133

1	3	8	7	4	2	9	6	5
5	2	4	1	6	9	3	8	7
6	7	9	5	8	3	4	2	1
2	1	3	8	5	7	6	4	9
4	8	7	9	1	6	5	3	2
9	5	6	2	3	4	1	7	8
8	4	1	3	7	5	2	9	6
3	9	5	6	2	8	7	1	4
7	6	2	4	9	1	8	5	3

134

5	8	2	7	6	1	3	9	4
4	6	9	3	5	8	1	2	7
7	1	3	9	2	4	6	5	8
2	5	6	8	4	9	7	1	3
1	7	4	6	3	5	2	8	9
9	3	8	1	7	2	5	4	6
3	9	5	2	8	7	4	6	1
8	4	7	5	1	6	9	3	2
6	2	1	4	9	3	8	7	5

135

4	9	5	8	1	2	7	3	6
2	6	1	9	7	3	5	4	8
3	7	8	4	6	5	1	2	9
5	4	7	2	3	9	6	8	1
8	3	9	1	5	6	2	7	4
1	2	6	7	4	8	9	5	3
9	8	4	5	2	1	3	6	7
7	5	3	6	9	4	8	1	2
6	1	2	3	8	7	4	9	5

136

7	9	4	2	5	1	8	6	3
3	1	2	8	6	4	5	7	9
5	8	6	7	3	9	2	4	1
4	7	5	9	2	8	3	1	6
8	2	3	4	1	6	7	9	5
1	6	9	5	7	3	4	8	2
2	5	1	6	4	7	9	3	8
6	4	8	3	9	5	1	2	7
9	3	7	1	8	2	6	5	4

137

5	9	3	8	4	7	6	1	2
8	2	1	5	3	6	7	4	9
4	7	6	9	1	2	3	8	5
1	4	9	3	8	5	2	6	7
6	8	5	7	2	4	9	3	1
2	3	7	1	6	9	4	5	8
7	1	4	6	9	8	5	2	3
9	6	8	2	5	3	1	7	4
3	5	2	4	7	1	8	9	6

138

5	6	7	3	1	8	4	9	2
3	8	2	6	9	4	7	5	1
4	1	9	2	7	5	3	8	6
6	2	1	9	4	7	5	3	8
7	9	3	5	8	2	6	1	4
8	4	5	1	3	6	2	7	9
2	7	4	8	5	9	1	6	3
1	5	8	4	6	3	9	2	7
9	3	6	7	2	1	8	4	5

139

4	2	5	8	3	9	7	6	1
1	7	9	6	2	4	8	5	3
6	8	3	1	7	5	2	4	9
8	1	2	7	9	6	5	3	4
7	9	4	5	8	3	6	1	2
3	5	6	2	4	1	9	8	7
2	3	7	4	6	8	1	9	5
9	6	1	3	5	2	4	7	8
5	4	8	9	1	7	3	2	6

140

5	2	9	8	3	6	1	7	4
8	6	1	4	5	7	3	2	9
7	3	4	9	2	1	8	5	6
1	4	6	2	9	5	7	3	8
9	7	5	6	8	3	4	1	2
3	8	2	7	1	4	6	9	5
2	9	7	3	4	8	5	6	1
6	5	8	1	7	9	2	4	3
4	1	3	5	6	2	9	8	7

141

1	4	8	7	3	2	6	9	5
2	9	7	6	1	5	3	4	8
5	6	3	4	8	9	1	7	2
8	3	2	1	4	7	5	6	9
9	1	5	3	2	6	4	8	7
4	7	6	5	9	8	2	1	3
3	2	1	9	7	4	8	5	6
6	8	9	2	5	1	7	3	4
7	5	4	8	6	3	9	2	1

142

8	4	3	1	7	6	5	9	2
2	5	9	4	8	3	6	1	7
1	7	6	5	2	9	4	3	8
6	8	2	7	4	1	3	5	9
9	1	7	8	3	5	2	6	4
5	3	4	9	6	2	8	7	1
7	2	1	6	5	4	9	8	3
3	6	8	2	9	7	1	4	5
4	9	5	3	1	8	7	2	6

143

8	6	1	4	7	9	2	3	5
2	3	4	6	8	5	9	7	1
9	5	7	1	3	2	4	6	8
7	1	8	9	4	6	5	2	3
6	2	9	7	5	3	1	8	4
3	4	5	2	1	8	6	9	7
1	9	3	5	6	7	8	4	2
4	7	2	8	9	1	3	5	6
5	8	6	3	2	4	7	1	9

144

4	9	5	6	8	7	1	2	3
8	6	3	9	2	1	4	5	7
2	1	7	3	5	4	8	6	9
7	4	8	5	3	6	2	9	1
1	2	9	7	4	8	5	3	6
5	3	6	2	1	9	7	4	8
9	8	1	4	6	2	3	7	5
3	7	4	1	9	5	6	8	2
6	5	2	8	7	3	9	1	4

145

5	1	8	3	2	9	4	6	7
9	7	3	8	4	6	5	1	2
2	4	6	7	1	5	9	8	3
4	9	5	6	7	3	8	2	1
7	8	2	1	9	4	6	3	5
3	6	1	5	8	2	7	4	9
1	5	7	4	3	8	2	9	6
8	3	9	2	6	7	1	5	4
6	2	4	9	5	1	3	7	8

146

8	1	7	9	5	2	4	6	3
5	6	4	1	3	7	9	8	2
2	9	3	4	8	6	1	5	7
6	8	2	3	7	9	5	4	1
3	5	9	6	4	1	2	7	8
7	4	1	5	2	8	3	9	6
9	7	8	2	1	5	6	3	4
1	3	5	8	6	4	7	2	9
4	2	6	7	9	3	8	1	5

147

6	8	2	1	4	5	3	7	9
1	5	7	8	9	3	6	4	2
3	9	4	7	2	6	5	1	8
8	3	1	4	7	2	9	6	5
9	7	6	5	3	1	8	2	4
4	2	5	9	6	8	1	3	7
7	4	3	6	5	9	2	8	1
2	1	9	3	8	4	7	5	6
5	6	8	2	1	7	4	9	3

148

1	4	6	9	2	3	7	5	8
2	9	8	7	5	6	1	4	3
5	7	3	1	4	8	9	2	6
7	5	1	4	3	2	8	6	9
6	8	4	5	7	9	3	1	2
3	2	9	8	6	1	5	7	4
9	3	7	6	1	4	2	8	5
8	6	5	2	9	7	4	3	1
4	1	2	3	8	5	6	9	7

149

2	3	6	7	1	5	8	9	4
4	5	8	9	3	6	2	7	1
7	1	9	2	8	4	6	5	3
3	8	7	4	2	1	5	6	9
6	2	4	5	9	3	7	1	8
1	9	5	8	6	7	3	4	2
8	7	3	1	5	9	4	2	6
5	6	1	3	4	2	9	8	7
9	4	2	6	7	8	1	3	5

150

3	1	8	5	4	9	7	6	2
4	2	9	8	6	7	3	1	5
7	5	6	3	1	2	8	4	9
5	8	1	4	9	6	2	7	3
6	4	3	7	2	5	1	9	8
9	7	2	1	3	8	6	5	4
1	3	7	9	8	4	5	2	6
8	6	4	2	5	1	9	3	7
2	9	5	6	7	3	4	8	1

151

3	2	9	7	5	8	1	4	6
8	4	7	6	2	1	5	3	9
5	6	1	4	9	3	2	8	7
9	7	5	8	1	2	4	6	3
4	8	6	5	3	7	9	1	2
1	3	2	9	6	4	7	5	8
7	9	3	1	4	6	8	2	5
6	1	8	2	7	5	3	9	4
2	5	4	3	8	9	6	7	1

152

3	6	5	4	9	2	7	8	1
7	1	4	5	6	8	9	3	2
8	2	9	1	3	7	4	6	5
2	5	6	9	8	4	3	1	7
4	3	8	7	5	1	2	9	6
1	9	7	6	2	3	8	5	4
6	4	3	2	1	9	5	7	8
5	8	2	3	7	6	1	4	9
9	7	1	8	4	5	6	2	3

153

8	1	5	2	3	6	7	4	9
2	6	3	7	4	9	1	8	5
7	4	9	8	1	5	2	3	6
6	2	7	9	8	1	3	5	4
9	5	4	6	7	3	8	2	1
3	8	1	5	2	4	6	9	7
5	3	2	1	9	7	4	6	8
1	9	8	4	6	2	5	7	3
4	7	6	3	5	8	9	1	2

154

9	7	6	5	4	1	2	3	8
4	1	2	6	3	8	7	9	5
5	3	8	9	2	7	4	1	6
2	9	1	8	7	3	6	5	4
8	4	7	1	6	5	9	2	3
6	5	3	2	9	4	8	7	1
1	6	5	7	8	2	3	4	9
3	2	9	4	5	6	1	8	7
7	8	4	3	1	9	5	6	2

155

1	6	8	3	5	7	4	2	9
5	9	3	1	4	2	6	7	8
7	2	4	9	6	8	1	3	5
2	4	7	5	8	1	9	6	3
6	3	9	2	7	4	8	5	1
8	1	5	6	9	3	2	4	7
9	8	2	7	3	6	5	1	4
3	5	1	4	2	9	7	8	6
4	7	6	8	1	5	3	9	2

156

3	5	4	8	9	1	6	2	7
2	9	8	5	7	6	4	1	3
7	1	6	4	3	2	8	5	9
5	8	1	7	6	4	9	3	2
4	6	7	3	2	9	5	8	1
9	3	2	1	8	5	7	4	6
1	7	9	2	4	8	3	6	5
6	4	5	9	1	3	2	7	8
8	2	3	6	5	7	1	9	4

157

4	6	7	9	8	2	1	5	3
2	5	8	7	1	3	6	9	4
1	9	3	6	4	5	8	2	7
6	2	5	8	3	4	9	7	1
8	4	1	2	7	9	5	3	6
3	7	9	5	6	1	2	4	8
7	1	2	4	9	6	3	8	5
9	3	4	1	5	8	7	6	2
5	8	6	3	2	7	4	1	9

158

1	7	5	6	8	9	4	2	3
4	3	9	7	1	2	8	5	6
6	2	8	4	3	5	7	9	1
9	8	6	1	5	7	2	3	4
3	4	7	9	2	8	6	1	5
2	5	1	3	4	6	9	7	8
7	1	3	2	6	4	5	8	9
5	6	2	8	9	1	3	4	7
8	9	4	5	7	3	1	6	2

159

8	4	7	3	1	6	2	5	9
9	5	2	7	8	4	1	6	3
1	6	3	9	2	5	4	8	7
6	3	8	5	4	9	7	2	1
5	1	9	6	7	2	8	3	4
2	7	4	8	3	1	5	9	6
3	9	1	2	5	7	6	4	8
7	8	5	4	6	3	9	1	2
4	2	6	1	9	8	3	7	5

160

7	3	1	5	9	4	8	2	6
5	2	4	7	6	8	9	3	1
9	8	6	2	1	3	7	4	5
4	5	8	9	3	2	1	6	7
2	6	7	8	5	1	4	9	3
1	9	3	6	4	7	5	8	2
3	1	2	4	8	5	6	7	9
8	7	9	1	2	6	3	5	4
6	4	5	3	7	9	2	1	8

161

4	2	1	8	3	6	9	7	5
7	6	8	4	9	5	1	2	3
9	5	3	7	1	2	4	8	6
6	9	2	3	7	8	5	4	1
8	3	4	5	6	1	7	9	2
1	7	5	9	2	4	6	3	8
2	4	9	6	5	3	8	1	7
3	8	6	1	4	7	2	5	9
5	1	7	2	8	9	3	6	4

162

9	1	7	8	4	5	2	3	6
8	3	5	6	1	2	4	7	9
4	2	6	7	9	3	1	8	5
2	4	3	5	6	8	7	9	1
6	7	8	1	2	9	5	4	3
5	9	1	4	3	7	6	2	8
3	8	4	2	5	1	9	6	7
1	6	9	3	7	4	8	5	2
7	5	2	9	8	6	3	1	4

163

3	1	5	9	2	8	7	6	4
7	8	6	5	4	3	2	1	9
9	4	2	1	7	6	8	3	5
6	9	7	8	5	4	3	2	1
8	3	4	7	1	2	5	9	6
5	2	1	3	6	9	4	7	8
1	7	8	2	9	5	6	4	3
4	5	9	6	3	7	1	8	2
2	6	3	4	8	1	9	5	7

164

5	9	7	8	1	6	4	2	3
3	1	6	4	2	9	5	8	7
2	8	4	7	3	5	9	1	6
6	2	9	5	4	1	7	3	8
7	5	1	3	8	2	6	4	9
8	4	3	9	6	7	2	5	1
4	3	2	6	7	8	1	9	5
1	7	5	2	9	3	8	6	4
9	6	8	1	5	4	3	7	2

165

9	4	1	7	2	5	6	8	3
6	5	7	4	3	8	2	9	1
8	3	2	6	9	1	5	4	7
1	9	3	8	4	6	7	2	5
4	7	6	9	5	2	1	3	8
5	2	8	1	7	3	4	6	9
3	1	4	2	8	7	9	5	6
2	6	5	3	1	9	8	7	4
7	8	9	5	6	4	3	1	2

166

5	6	3	9	4	1	7	8	2
4	9	1	7	8	2	5	6	3
2	7	8	3	5	6	4	9	1
1	4	5	2	7	9	6	3	8
6	2	7	5	3	8	9	1	4
8	3	9	6	1	4	2	7	5
3	1	2	4	9	7	8	5	6
7	8	6	1	2	5	3	4	9
9	5	4	8	6	3	1	2	7

167

9	2	1	3	6	7	8	4	5
3	6	8	4	1	5	9	7	2
4	7	5	8	9	2	6	3	1
7	3	9	2	8	4	1	5	6
6	1	4	5	7	9	3	2	8
5	8	2	1	3	6	4	9	7
2	9	6	7	4	8	5	1	3
8	5	3	9	2	1	7	6	4
1	4	7	6	5	3	2	8	9

168

6	9	5	4	1	3	7	8	2
7	2	1	8	5	9	3	6	4
8	3	4	6	7	2	1	9	5
9	8	6	3	2	1	5	4	7
2	4	7	9	8	5	6	3	1
5	1	3	7	6	4	8	2	9
3	5	8	2	4	7	9	1	6
4	7	9	1	3	6	2	5	8
1	6	2	5	9	8	4	7	3

169

3	8	7	1	2	4	9	5	6
6	9	2	8	3	5	4	7	1
5	4	1	7	9	6	3	8	2
4	1	9	6	5	7	2	3	8
2	3	6	9	1	8	7	4	5
7	5	8	2	4	3	1	6	9
8	2	4	3	6	9	5	1	7
9	7	5	4	8	1	6	2	3
1	6	3	5	7	2	8	9	4

170

4	6	8	1	2	7	5	9	3
9	5	2	3	4	8	1	6	7
3	1	7	9	5	6	4	8	2
8	4	9	5	6	2	3	7	1
7	2	5	8	1	3	6	4	9
1	3	6	4	7	9	2	5	8
6	7	4	2	9	1	8	3	5
5	8	1	7	3	4	9	2	6
2	9	3	6	8	5	7	1	4

171

7	8	5	9	4	1	6	3	2
2	6	1	7	5	3	9	8	4
3	4	9	6	8	2	1	5	7
6	3	2	1	7	5	8	4	9
1	5	8	2	9	4	3	7	6
9	7	4	8	3	6	2	1	5
8	2	7	4	1	9	5	6	3
5	1	6	3	2	7	4	9	8
4	9	3	5	6	8	7	2	1

172

8	5	7	9	6	2	4	3	1
9	3	1	5	7	4	2	6	8
6	4	2	8	3	1	7	9	5
5	7	4	3	8	6	9	1	2
1	9	8	2	5	7	3	4	6
2	6	3	4	1	9	5	8	7
7	2	6	1	9	3	8	5	4
3	1	5	7	4	8	6	2	9
4	8	9	6	2	5	1	7	3

173

6	7	8	9	3	1	4	2	5
2	4	9	5	7	8	6	3	1
1	5	3	4	2	6	7	9	8
9	6	7	2	4	5	8	1	3
8	2	4	6	1	3	5	7	9
3	1	5	7	8	9	2	4	6
4	8	1	3	5	7	9	6	2
5	9	2	1	6	4	3	8	7
7	3	6	8	9	2	1	5	4

174

6	8	5	4	2	1	3	9	7
2	4	9	6	3	7	1	5	8
3	1	7	8	5	9	4	2	6
8	2	1	7	6	5	9	4	3
9	7	6	1	4	3	5	8	2
5	3	4	9	8	2	6	7	1
1	9	8	3	7	4	2	6	5
4	6	2	5	1	8	7	3	9
7	5	3	2	9	6	8	1	4

175

2	3	5	4	7	1	9	6	8
6	7	1	8	9	3	4	2	5
4	9	8	5	2	6	7	3	1
1	4	3	9	6	2	5	8	7
5	6	2	1	8	7	3	9	4
7	8	9	3	4	5	2	1	6
8	5	6	2	3	4	1	7	9
3	1	7	6	5	9	8	4	2
9	2	4	7	1	8	6	5	3

176

3	7	1	8	2	5	9	4	6
4	2	5	1	6	9	3	7	8
8	9	6	3	7	4	1	5	2
5	4	8	7	3	2	6	9	1
6	1	9	5	4	8	2	3	7
7	3	2	9	1	6	4	8	5
2	5	7	4	9	1	8	6	3
1	8	4	6	5	3	7	2	9
9	6	3	2	8	7	5	1	4

177

4	6	7	8	5	3	9	1	2
5	1	2	6	7	9	4	3	8
9	8	3	2	4	1	6	7	5
3	2	6	7	8	5	1	9	4
8	7	5	1	9	4	2	6	3
1	9	4	3	2	6	5	8	7
6	4	1	5	3	7	8	2	9
2	3	9	4	1	8	7	5	6
7	5	8	9	6	2	3	4	1

178

1	9	8	7	3	4	2	5	6
6	3	2	8	1	5	4	9	7
4	5	7	2	6	9	8	3	1
3	1	6	4	5	8	9	7	2
8	2	9	6	7	1	5	4	3
5	7	4	3	9	2	1	6	8
2	8	3	9	4	6	7	1	5
9	6	5	1	8	7	3	2	4
7	4	1	5	2	3	6	8	9

179

2	7	4	1	9	3	6	5	8
8	3	6	5	7	2	1	4	9
9	1	5	8	6	4	2	3	7
4	9	1	3	5	6	8	7	2
5	2	8	9	4	7	3	6	1
7	6	3	2	1	8	5	9	4
6	4	2	7	3	1	9	8	5
1	5	7	6	8	9	4	2	3
3	8	9	4	2	5	7	1	6

180

3	8	5	1	6	4	7	9	2
9	7	6	2	5	8	3	1	4
1	2	4	7	9	3	5	8	6
4	9	2	3	8	7	6	5	1
6	5	7	9	1	2	8	4	3
8	3	1	6	4	5	9	2	7
5	6	3	8	2	1	4	7	9
2	4	9	5	7	6	1	3	8
7	1	8	4	3	9	2	6	5

181

1	5	9	3	4	2	7	6	8
7	6	8	1	5	9	3	4	2
3	4	2	6	7	8	9	5	1
4	3	7	8	9	5	2	1	6
6	8	1	2	3	7	5	9	4
2	9	5	4	6	1	8	3	7
5	2	3	7	1	6	4	8	9
9	7	6	5	8	4	1	2	3
8	1	4	9	2	3	6	7	5

182

8	5	6	1	4	9	2	3	7
1	3	9	2	6	7	8	5	4
2	4	7	3	8	5	9	6	1
6	7	3	4	1	8	5	2	9
9	1	4	5	3	2	7	8	6
5	2	8	7	9	6	4	1	3
4	8	5	6	7	3	1	9	2
3	9	1	8	2	4	6	7	5
7	6	2	9	5	1	3	4	8

183

4	1	2	9	5	7	8	3	6
6	7	5	3	2	8	9	1	4
8	9	3	6	4	1	2	7	5
3	4	9	2	6	5	7	8	1
5	2	8	1	7	4	3	6	9
7	6	1	8	3	9	4	5	2
1	8	4	7	9	6	5	2	3
2	5	7	4	1	3	6	9	8
9	3	6	5	8	2	1	4	7

184

9	1	8	5	4	6	2	3	7
6	7	2	3	9	8	5	1	4
3	4	5	7	1	2	6	9	8
5	8	4	9	3	7	1	2	6
1	2	6	8	5	4	3	7	9
7	9	3	2	6	1	4	8	5
2	6	9	4	7	3	8	5	1
8	5	1	6	2	9	7	4	3
4	3	7	1	8	5	9	6	2

185

2	8	7	5	3	9	1	4	6
5	3	6	7	1	4	8	9	2
9	1	4	2	8	6	7	3	5
3	7	9	4	5	8	2	6	1
4	6	1	9	7	2	3	5	8
8	2	5	3	6	1	4	7	9
6	9	3	8	2	7	5	1	4
7	4	8	1	9	5	6	2	3
1	5	2	6	4	3	9	8	7

186

3	7	5	9	6	1	4	8	2
9	4	1	2	5	8	6	3	7
6	2	8	4	3	7	1	9	5
7	5	3	6	2	9	8	1	4
1	9	2	5	8	4	7	6	3
4	8	6	7	1	3	5	2	9
5	1	7	8	9	2	3	4	6
8	6	9	3	4	5	2	7	1
2	3	4	1	7	6	9	5	8

187

2	5	4	6	3	7	9	8	1
9	8	3	5	1	4	2	7	6
7	1	6	2	9	8	4	5	3
1	7	5	4	8	3	6	2	9
6	9	2	1	7	5	3	4	8
4	3	8	9	2	6	5	1	7
3	6	1	7	5	2	8	9	4
5	4	9	8	6	1	7	3	2
8	2	7	3	4	9	1	6	5

188

8	1	2	5	7	3	9	4	6
6	7	5	4	8	9	2	3	1
9	3	4	2	1	6	5	7	8
5	2	7	6	3	4	1	8	9
1	8	6	9	2	7	3	5	4
4	9	3	8	5	1	7	6	2
7	6	9	1	4	5	8	2	3
3	4	8	7	9	2	6	1	5
2	5	1	3	6	8	4	9	7

189

7	2	4	5	8	3	9	6	1
5	6	1	9	7	2	8	3	4
8	9	3	6	1	4	7	2	5
2	8	9	1	4	7	6	5	3
4	5	7	2	3	6	1	9	8
1	3	6	8	9	5	2	4	7
9	1	5	3	6	8	4	7	2
6	4	2	7	5	1	3	8	9
3	7	8	4	2	9	5	1	6

190

3	6	7	1	2	4	9	8	5
1	4	8	9	7	5	6	2	3
2	5	9	8	6	3	4	1	7
4	1	3	5	8	9	7	6	2
8	9	6	2	1	7	5	3	4
7	2	5	3	4	6	8	9	1
6	7	2	4	9	1	3	5	8
9	3	1	7	5	8	2	4	6
5	8	4	6	3	2	1	7	9

191

3	4	5	7	6	8	2	1	9
1	7	2	3	4	9	6	8	5
9	6	8	5	1	2	4	3	7
7	9	4	6	2	1	8	5	3
6	8	3	9	7	5	1	4	2
5	2	1	4	8	3	9	7	6
2	3	9	8	5	4	7	6	1
8	1	6	2	3	7	5	9	4
4	5	7	1	9	6	3	2	8

192

8	4	1	7	9	3	2	5	6
7	3	5	2	8	6	1	4	9
2	9	6	5	4	1	8	3	7
6	1	7	9	5	2	3	8	4
5	8	9	6	3	4	7	2	1
3	2	4	8	1	7	6	9	5
1	6	8	4	2	5	9	7	3
9	5	3	1	7	8	4	6	2
4	7	2	3	6	9	5	1	8

193

7	5	6	1	9	3	2	4	8
4	8	9	2	7	5	3	1	6
2	1	3	4	8	6	9	7	5
3	6	8	7	5	1	4	2	9
5	2	7	6	4	9	1	8	3
1	9	4	3	2	8	6	5	7
6	3	2	5	1	7	8	9	4
9	7	1	8	3	4	5	6	2
8	4	5	9	6	2	7	3	1

194

2	3	1	7	9	4	6	8	5
6	7	8	3	2	5	1	4	9
9	5	4	6	8	1	2	7	3
8	9	6	5	1	2	4	3	7
4	1	5	8	7	3	9	6	2
3	2	7	9	4	6	5	1	8
7	6	2	4	5	8	3	9	1
5	4	9	1	3	7	8	2	6
1	8	3	2	6	9	7	5	4

195

2	1	6	7	5	9	3	8	4
7	9	3	2	4	8	1	5	6
8	4	5	3	1	6	2	9	7
5	6	2	9	8	4	7	3	1
3	7	4	5	2	1	8	6	9
9	8	1	6	3	7	5	4	2
1	2	8	4	9	3	6	7	5
6	3	9	1	7	5	4	2	8
4	5	7	8	6	2	9	1	3

196

7	1	3	4	2	6	8	5	9
9	6	5	3	7	8	1	4	2
4	8	2	1	9	5	7	3	6
2	9	4	8	5	7	6	1	3
8	7	1	6	4	3	9	2	5
3	5	6	9	1	2	4	8	7
6	4	7	2	3	1	5	9	8
1	3	8	5	6	9	2	7	4
5	2	9	7	8	4	3	6	1

197

8	9	3	1	2	7	4	5	6
6	1	7	4	3	5	2	9	8
5	2	4	8	9	6	7	3	1
2	5	1	9	7	3	6	8	4
7	8	6	5	1	4	3	2	9
3	4	9	2	6	8	1	7	5
4	3	5	7	8	1	9	6	2
1	6	2	3	5	9	8	4	7
9	7	8	6	4	2	5	1	3

198

4	3	6	1	7	9	8	2	5
5	2	7	6	4	8	9	1	3
8	9	1	5	2	3	6	4	7
3	6	5	7	9	2	1	8	4
2	1	8	4	6	5	3	7	9
7	4	9	3	8	1	2	5	6
6	5	2	9	1	4	7	3	8
1	7	4	8	3	6	5	9	2
9	8	3	2	5	7	4	6	1

199

2	6	5	3	8	7	9	4	1
4	8	7	6	9	1	3	2	5
1	3	9	5	2	4	7	8	6
3	7	6	4	1	9	2	5	8
8	5	2	7	6	3	1	9	4
9	4	1	8	5	2	6	7	3
7	9	4	1	3	8	5	6	2
6	1	8	2	7	5	4	3	9
5	2	3	9	4	6	8	1	7

200

2	4	7	1	5	3	8	9	6
9	5	1	4	8	6	3	2	7
6	3	8	2	9	7	5	4	1
4	2	5	3	6	1	9	7	8
7	9	6	5	4	8	1	3	2
8	1	3	9	7	2	6	5	4
3	8	9	6	2	4	7	1	5
5	6	4	7	1	9	2	8	3
1	7	2	8	3	5	4	6	9

201

3	1	4	9	5	2	6	7	8
7	5	6	8	4	3	1	2	9
2	9	8	6	7	1	5	4	3
6	4	9	3	8	5	2	1	7
1	3	7	4	2	9	8	5	6
5	8	2	7	1	6	9	3	4
8	6	1	2	3	7	4	9	5
9	2	3	5	6	4	7	8	1
4	7	5	1	9	8	3	6	2

202

5	4	3	9	8	7	2	1	6
6	7	8	2	5	1	3	4	9
9	2	1	3	6	4	7	5	8
2	9	4	6	3	5	8	7	1
1	6	5	4	7	8	9	2	3
8	3	7	1	9	2	5	6	4
3	8	2	5	4	6	1	9	7
7	1	6	8	2	9	4	3	5
4	5	9	7	1	3	6	8	2

203

5	7	4	1	2	9	3	8	6
6	2	1	8	5	3	4	7	9
8	9	3	7	4	6	1	2	5
9	1	7	5	3	4	8	6	2
3	8	2	9	6	1	7	5	4
4	5	6	2	8	7	9	3	1
1	6	8	3	9	2	5	4	7
2	3	9	4	7	5	6	1	8
7	4	5	6	1	8	2	9	3

204

5	7	8	4	3	2	6	1	9
2	9	1	7	6	5	8	4	3
3	6	4	8	1	9	2	7	5
4	5	6	9	2	7	1	3	8
1	2	9	3	8	6	7	5	4
7	8	3	5	4	1	9	6	2
9	3	5	1	7	8	4	2	6
8	1	2	6	5	4	3	9	7
6	4	7	2	9	3	5	8	1

205

6	1	7	2	4	8	9	3	5
4	3	8	9	6	5	7	1	2
9	5	2	1	7	3	4	8	6
5	6	3	8	1	9	2	4	7
1	2	9	7	5	4	8	6	3
8	7	4	6	3	2	5	9	1
7	4	5	3	8	1	6	2	9
2	8	1	5	9	6	3	7	4
3	9	6	4	2	7	1	5	8

206

7	5	8	3	4	9	6	2	1
6	4	3	7	2	1	5	8	9
2	9	1	6	5	8	3	7	4
8	3	4	9	7	6	1	5	2
9	1	2	4	8	5	7	3	6
5	7	6	1	3	2	9	4	8
4	8	9	5	6	3	2	1	7
1	2	5	8	9	7	4	6	3
3	6	7	2	1	4	8	9	5

207

9	6	7	2	4	5	3	8	1
5	4	2	8	1	3	6	9	7
3	1	8	6	9	7	5	4	2
1	3	4	9	6	8	2	7	5
8	2	9	7	5	1	4	6	3
6	7	5	4	3	2	9	1	8
2	8	6	5	7	4	1	3	9
4	5	1	3	8	9	7	2	6
7	9	3	1	2	6	8	5	4

208

5	2	4	7	6	8	9	3	1
1	6	3	2	9	5	7	8	4
8	9	7	4	1	3	5	2	6
7	3	5	6	8	4	2	1	9
6	1	8	3	2	9	4	5	7
9	4	2	1	5	7	8	6	3
4	8	1	5	7	6	3	9	2
3	5	6	9	4	2	1	7	8
2	7	9	8	3	1	6	4	5

209

2	7	9	8	6	1	5	4	3
3	1	6	5	9	4	2	8	7
4	8	5	2	7	3	9	6	1
9	2	7	6	8	5	1	3	4
6	5	1	4	3	7	8	2	9
8	3	4	1	2	9	6	7	5
1	6	3	9	4	8	7	5	2
7	9	2	3	5	6	4	1	8
5	4	8	7	1	2	3	9	6

210

7	4	1	8	9	3	6	5	2
9	3	5	4	2	6	1	8	7
8	2	6	7	5	1	3	4	9
1	8	3	6	4	9	2	7	5
4	7	9	2	3	5	8	1	6
5	6	2	1	8	7	4	9	3
2	9	8	5	6	4	7	3	1
3	1	4	9	7	2	5	6	8
6	5	7	3	1	8	9	2	4

211

2	3	5	7	9	4	6	8	1
9	4	1	2	6	8	3	5	7
6	7	8	5	1	3	9	4	2
1	2	9	4	5	7	8	3	6
7	6	4	3	8	9	1	2	5
8	5	3	1	2	6	7	9	4
4	9	2	6	3	1	5	7	8
5	8	6	9	7	2	4	1	3
3	1	7	8	4	5	2	6	9

212

3	1	6	2	4	9	7	5	8
9	4	7	5	1	8	3	6	2
2	5	8	6	3	7	9	1	4
4	8	5	9	6	3	1	2	7
7	2	9	4	5	1	8	3	6
1	6	3	7	8	2	4	9	5
5	9	4	3	7	6	2	8	1
6	3	1	8	2	4	5	7	9
8	7	2	1	9	5	6	4	3

213

3	9	6	8	5	4	2	1	7
1	4	8	3	2	7	9	5	6
5	2	7	6	1	9	4	8	3
4	1	9	5	8	3	6	7	2
7	3	5	4	6	2	1	9	8
6	8	2	7	9	1	3	4	5
8	6	4	9	3	5	7	2	1
9	5	1	2	7	6	8	3	4
2	7	3	1	4	8	5	6	9

214

1	3	4	8	2	9	5	7	6
8	6	7	3	4	5	2	1	9
5	9	2	1	6	7	3	4	8
6	1	5	2	9	8	7	3	4
4	2	3	7	5	6	8	9	1
7	8	9	4	1	3	6	2	5
9	5	1	6	3	2	4	8	7
3	4	8	5	7	1	9	6	2
2	7	6	9	8	4	1	5	3

215

6	8	7	9	4	3	1	2	5
1	9	3	2	7	5	6	4	8
2	5	4	1	6	8	3	9	7
5	3	6	8	9	7	4	1	2
9	4	8	5	1	2	7	6	3
7	1	2	4	3	6	5	8	9
4	7	5	6	2	9	8	3	1
3	2	1	7	8	4	9	5	6
8	6	9	3	5	1	2	7	4

216

7	2	8	9	5	6	4	3	1
4	5	9	7	3	1	2	8	6
3	1	6	2	4	8	5	9	7
6	8	1	5	2	7	3	4	9
5	9	7	3	1	4	6	2	8
2	4	3	6	8	9	1	7	5
9	7	4	1	6	3	8	5	2
8	6	2	4	9	5	7	1	3
1	3	5	8	7	2	9	6	4

217

7	3	4	6	9	2	8	1	5
5	6	1	8	3	7	9	4	2
8	2	9	5	4	1	7	3	6
3	5	2	7	8	4	6	9	1
9	1	8	3	5	6	2	7	4
6	4	7	1	2	9	5	8	3
2	7	3	4	6	8	1	5	9
1	9	5	2	7	3	4	6	8
4	8	6	9	1	5	3	2	7

218

8	9	7	4	5	3	1	6	2
2	5	1	6	7	9	4	8	3
6	4	3	8	2	1	5	7	9
4	3	8	1	9	5	7	2	6
9	1	5	2	6	7	8	3	4
7	6	2	3	4	8	9	1	5
5	8	6	9	1	2	3	4	7
3	7	4	5	8	6	2	9	1
1	2	9	7	3	4	6	5	8

219

1	2	4	8	5	7	9	6	3
5	7	3	9	2	6	1	4	8
8	6	9	1	3	4	7	5	2
7	1	6	5	8	3	2	9	4
4	5	8	2	6	9	3	1	7
9	3	2	4	7	1	6	8	5
2	9	1	7	4	8	5	3	6
3	4	7	6	1	5	8	2	9
6	8	5	3	9	2	4	7	1

220

6	1	7	9	5	3	4	8	2
4	3	5	7	2	8	9	6	1
9	8	2	1	4	6	7	5	3
3	2	4	8	1	5	6	9	7
1	7	9	3	6	4	8	2	5
8	5	6	2	9	7	3	1	4
5	9	8	4	7	2	1	3	6
2	4	1	6	3	9	5	7	8
7	6	3	5	8	1	2	4	9

221

9	1	2	5	8	6	3	7	4
7	5	3	1	2	4	6	8	9
6	8	4	9	7	3	2	1	5
2	9	8	4	3	1	7	5	6
1	3	5	7	6	9	8	4	2
4	7	6	2	5	8	9	3	1
3	4	7	6	9	5	1	2	8
5	2	9	8	1	7	4	6	3
8	6	1	3	4	2	5	9	7

222

6	9	7	3	1	2	5	8	4
1	8	2	5	6	4	9	7	3
3	4	5	8	7	9	6	1	2
7	1	8	2	5	3	4	9	6
9	2	4	1	8	6	7	3	5
5	3	6	4	9	7	8	2	1
8	6	1	7	2	5	3	4	9
2	5	3	9	4	8	1	6	7
4	7	9	6	3	1	2	5	8

223

9	3	7	8	6	2	4	5	1
6	4	1	9	5	3	8	7	2
2	5	8	4	7	1	6	3	9
7	9	6	1	4	8	5	2	3
1	2	4	5	3	6	9	8	7
3	8	5	2	9	7	1	6	4
5	6	9	3	2	4	7	1	8
4	1	2	7	8	5	3	9	6
8	7	3	6	1	9	2	4	5

224

3	2	9	6	5	1	4	8	7
7	5	6	2	4	8	9	3	1
4	8	1	9	3	7	5	2	6
6	4	3	7	8	5	2	1	9
8	9	2	1	6	3	7	5	4
1	7	5	4	9	2	3	6	8
5	6	4	8	2	9	1	7	3
2	1	8	3	7	4	6	9	5
9	3	7	5	1	6	8	4	2

225

6	5	3	8	9	1	7	2	4
8	4	2	6	3	7	5	1	9
1	9	7	5	4	2	6	3	8
5	1	4	3	2	9	8	7	6
9	3	8	1	7	6	2	4	5
7	2	6	4	8	5	1	9	3
4	8	5	2	1	3	9	6	7
3	7	1	9	6	8	4	5	2
2	6	9	7	5	4	3	8	1

226

3	4	5	2	9	7	8	6	1
6	7	8	3	1	4	5	9	2
1	9	2	8	6	5	4	3	7
2	8	1	9	4	3	6	7	5
9	3	7	5	8	6	2	1	4
5	6	4	1	7	2	9	8	3
7	2	6	4	3	9	1	5	8
8	5	3	6	2	1	7	4	9
4	1	9	7	5	8	3	2	6

227

4	3	5	8	1	2	6	9	7
7	6	9	4	3	5	2	1	8
8	1	2	7	9	6	3	5	4
6	2	7	1	8	3	5	4	9
5	9	8	6	2	4	1	7	3
3	4	1	9	5	7	8	6	2
2	7	3	5	4	1	9	8	6
1	8	4	3	6	9	7	2	5
9	5	6	2	7	8	4	3	1

228

2	3	6	1	7	8	5	4	9
5	8	9	2	3	4	1	7	6
4	7	1	6	5	9	2	3	8
8	6	5	4	2	1	7	9	3
9	4	3	5	8	7	6	2	1
7	1	2	3	9	6	4	8	5
3	9	4	7	1	5	8	6	2
6	5	8	9	4	2	3	1	7
1	2	7	8	6	3	9	5	4

229

3	7	6	2	8	5	1	9	4
2	9	1	3	4	7	8	5	6
5	8	4	6	1	9	7	2	3
1	4	2	7	6	3	9	8	5
7	5	9	4	2	8	6	3	1
6	3	8	5	9	1	2	4	7
8	1	3	9	5	6	4	7	2
9	2	7	1	3	4	5	6	8
4	6	5	8	7	2	3	1	9

230

3	5	4	9	6	1	8	7	2
8	7	2	5	4	3	9	6	1
1	6	9	8	7	2	5	3	4
9	4	6	2	1	8	7	5	3
2	1	7	6	3	5	4	9	8
5	3	8	7	9	4	1	2	6
4	9	1	3	5	6	2	8	7
6	2	5	4	8	7	3	1	9
7	8	3	1	2	9	6	4	5

231

2	9	5	7	8	3	6	4	1
6	3	1	9	5	4	7	2	8
8	7	4	6	2	1	3	5	9
9	1	3	8	7	5	2	6	4
5	2	8	3	4	6	9	1	7
4	6	7	1	9	2	8	3	5
3	8	2	4	1	7	5	9	6
7	4	6	5	3	9	1	8	2
1	5	9	2	6	8	4	7	3

232

2	9	5	4	7	1	8	3	6
8	1	3	2	9	6	5	7	4
6	7	4	8	3	5	2	9	1
3	6	1	5	4	2	7	8	9
9	8	2	7	6	3	1	4	5
4	5	7	1	8	9	3	6	2
7	2	8	6	5	4	9	1	3
5	4	9	3	1	7	6	2	8
1	3	6	9	2	8	4	5	7

233

5	4	6	1	9	7	3	8	2
1	3	2	8	4	5	6	9	7
7	8	9	3	2	6	5	4	1
3	1	8	4	6	2	7	5	9
2	6	7	5	8	9	1	3	4
9	5	4	7	3	1	2	6	8
6	2	1	9	5	8	4	7	3
8	7	3	6	1	4	9	2	5
4	9	5	2	7	3	8	1	6

234

2	6	5	4	3	1	8	7	9
9	8	7	5	6	2	3	1	4
3	1	4	9	8	7	2	6	5
6	4	8	7	1	3	5	9	2
7	2	9	8	4	5	6	3	1
1	5	3	6	2	9	7	4	8
4	3	2	1	5	6	9	8	7
8	7	6	2	9	4	1	5	3
5	9	1	3	7	8	4	2	6

235

5	3	2	1	8	7	6	9	4
4	1	9	6	5	2	7	3	8
6	7	8	3	4	9	1	5	2
3	2	1	8	9	6	4	7	5
7	8	4	2	3	5	9	1	6
9	6	5	7	1	4	8	2	3
1	9	3	5	6	8	2	4	7
2	5	6	4	7	1	3	8	9
8	4	7	9	2	3	5	6	1

236

9	7	3	4	1	2	5	8	6
8	6	2	5	3	7	1	4	9
5	4	1	6	9	8	7	2	3
2	3	7	9	5	1	8	6	4
1	8	5	2	4	6	3	9	7
4	9	6	7	8	3	2	1	5
7	5	9	8	2	4	6	3	1
3	2	4	1	6	5	9	7	8
6	1	8	3	7	9	4	5	2

237

6	5	7	1	3	2	9	8	4
2	3	8	5	4	9	1	6	7
4	1	9	8	6	7	3	2	5
7	9	3	4	1	6	2	5	8
8	2	5	9	7	3	4	1	6
1	4	6	2	8	5	7	3	9
9	7	2	3	5	8	6	4	1
3	8	1	6	9	4	5	7	2
5	6	4	7	2	1	8	9	3

238

9	8	3	2	7	6	5	1	4
4	7	1	8	3	5	2	6	9
5	6	2	4	9	1	3	7	8
7	9	5	1	8	2	6	4	3
3	4	6	7	5	9	1	8	2
2	1	8	3	6	4	7	9	5
1	3	4	9	2	7	8	5	6
6	2	7	5	4	8	9	3	1
8	5	9	6	1	3	4	2	7

239

7	2	4	9	1	5	6	8	3
9	3	6	2	8	4	5	7	1
8	1	5	6	7	3	9	2	4
2	4	1	7	6	8	3	9	5
3	8	7	5	9	1	4	6	2
6	5	9	3	4	2	7	1	8
4	9	8	1	3	6	2	5	7
5	7	3	8	2	9	1	4	6
1	6	2	4	5	7	8	3	9

240

7	4	9	1	6	3	2	5	8
1	5	6	4	2	8	3	9	7
3	2	8	7	9	5	1	6	4
8	6	3	5	1	9	7	4	2
4	1	2	8	7	6	9	3	5
9	7	5	3	4	2	8	1	6
2	9	4	6	8	1	5	7	3
5	8	7	9	3	4	6	2	1
6	3	1	2	5	7	4	8	9

241

1	7	8	2	6	9	5	3	4
6	9	5	1	4	3	7	2	8
2	3	4	5	7	8	9	6	1
4	5	9	7	3	1	2	8	6
7	8	2	6	9	4	3	1	5
3	6	1	8	2	5	4	7	9
5	2	7	9	1	6	8	4	3
9	1	3	4	8	7	6	5	2
8	4	6	3	5	2	1	9	7

242

3	7	4	2	5	8	1	6	9
6	5	2	3	9	1	4	7	8
8	9	1	4	6	7	2	5	3
4	1	6	5	8	2	9	3	7
9	2	8	1	7	3	5	4	6
7	3	5	6	4	9	8	1	2
2	6	7	8	1	5	3	9	4
1	4	3	9	2	6	7	8	5
5	8	9	7	3	4	6	2	1

243

8	7	5	4	1	6	3	9	2
2	9	6	5	8	3	1	7	4
1	3	4	9	2	7	5	8	6
3	4	1	6	5	9	7	2	8
6	8	7	2	4	1	9	3	5
5	2	9	3	7	8	6	4	1
4	6	2	7	9	5	8	1	3
7	1	3	8	6	2	4	5	9
9	5	8	1	3	4	2	6	7

244

6	7	2	5	3	1	8	4	9
9	3	4	8	6	7	1	5	2
1	5	8	9	4	2	3	7	6
2	9	5	7	8	3	4	6	1
8	6	7	1	9	4	2	3	5
3	4	1	2	5	6	7	9	8
5	1	6	4	7	8	9	2	3
7	2	9	3	1	5	6	8	4
4	8	3	6	2	9	5	1	7

245

2	6	4	3	9	8	5	1	7
1	8	7	5	6	2	3	4	9
5	3	9	1	7	4	6	2	8
6	9	3	4	1	7	8	5	2
7	5	8	9	2	3	4	6	1
4	1	2	8	5	6	7	9	3
9	7	6	2	3	5	1	8	4
8	2	5	7	4	1	9	3	6
3	4	1	6	8	9	2	7	5

246

4	6	9	7	5	8	2	3	1
3	5	1	4	6	2	9	8	7
8	2	7	3	9	1	4	5	6
6	1	4	8	2	3	7	9	5
9	3	2	5	7	6	1	4	8
7	8	5	9	1	4	3	6	2
1	9	6	2	3	5	8	7	4
2	7	8	6	4	9	5	1	3
5	4	3	1	8	7	6	2	9

247

6	8	7	4	5	3	1	9	2
9	3	4	2	8	1	7	5	6
2	5	1	7	6	9	4	8	3
1	2	5	3	7	6	8	4	9
7	9	6	1	4	8	2	3	5
8	4	3	5	9	2	6	1	7
5	1	8	9	2	7	3	6	4
4	6	2	8	3	5	9	7	1
3	7	9	6	1	4	5	2	8

248

5	7	4	6	3	2	1	9	8
8	2	6	4	9	1	5	3	7
9	1	3	5	8	7	4	6	2
1	3	7	2	6	5	8	4	9
2	5	9	7	4	8	6	1	3
6	4	8	3	1	9	7	2	5
4	9	2	8	7	6	3	5	1
7	6	5	1	2	3	9	8	4
3	8	1	9	5	4	2	7	6

249

2	7	1	4	3	9	8	6	5
3	5	4	1	8	6	2	9	7
8	9	6	5	2	7	1	4	3
7	3	9	2	4	5	6	1	8
4	2	5	6	1	8	3	7	9
1	6	8	9	7	3	5	2	4
5	1	2	3	9	4	7	8	6
9	8	3	7	6	1	4	5	2
6	4	7	8	5	2	9	3	1

250

8	3	6	9	4	5	7	2	1
9	1	4	3	7	2	6	8	5
5	7	2	1	6	8	9	4	3
4	8	7	5	9	6	1	3	2
2	6	5	4	3	1	8	7	9
3	9	1	2	8	7	4	5	6
6	5	9	7	2	4	3	1	8
1	4	8	6	5	3	2	9	7
7	2	3	8	1	9	5	6	4

251

1	2	8	6	4	3	9	5	7
9	6	3	2	7	5	1	8	4
7	4	5	8	9	1	3	2	6
4	5	1	9	6	2	8	7	3
8	3	9	7	5	4	2	6	1
2	7	6	3	1	8	4	9	5
3	1	2	5	8	7	6	4	9
5	9	4	1	2	6	7	3	8
6	8	7	4	3	9	5	1	2

252

3	1	4	6	9	2	7	8	5
6	7	5	8	4	3	2	1	9
9	2	8	7	5	1	3	6	4
2	3	1	9	6	4	5	7	8
4	5	6	2	8	7	9	3	1
8	9	7	1	3	5	6	4	2
5	8	2	3	1	6	4	9	7
7	6	9	4	2	8	1	5	3
1	4	3	5	7	9	8	2	6

253

9	4	2	5	6	7	8	1	3
1	6	5	2	3	8	9	4	7
8	3	7	4	9	1	6	5	2
5	9	6	3	1	4	7	2	8
7	2	3	9	8	5	4	6	1
4	8	1	6	7	2	3	9	5
6	5	4	7	2	3	1	8	9
2	7	8	1	4	9	5	3	6
3	1	9	8	5	6	2	7	4

254

6	3	9	8	2	5	1	7	4
1	8	7	6	3	4	9	5	2
4	2	5	1	9	7	3	8	6
8	6	4	5	1	3	7	2	9
9	7	2	4	8	6	5	1	3
5	1	3	9	7	2	6	4	8
7	5	8	2	6	9	4	3	1
2	4	6	3	5	1	8	9	7
3	9	1	7	4	8	2	6	5

255

2	8	1	9	6	3	5	4	7
7	4	5	2	1	8	3	6	9
3	9	6	4	7	5	2	8	1
5	2	8	3	9	4	7	1	6
1	6	3	5	8	7	4	9	2
4	7	9	6	2	1	8	3	5
8	5	7	1	3	9	6	2	4
6	1	4	8	5	2	9	7	3
9	3	2	7	4	6	1	5	8

256

8	7	9	2	3	5	1	6	4
3	1	5	9	4	6	7	8	2
4	2	6	8	7	1	3	9	5
1	3	8	7	9	4	2	5	6
2	9	4	6	5	3	8	7	1
6	5	7	1	8	2	4	3	9
5	4	1	3	6	8	9	2	7
7	8	2	5	1	9	6	4	3
9	6	3	4	2	7	5	1	8

257

2	5	6	4	9	8	7	1	3
4	3	1	6	2	7	5	8	9
7	8	9	5	1	3	6	4	2
6	9	8	2	4	1	3	5	7
1	2	5	3	7	9	4	6	8
3	7	4	8	5	6	9	2	1
8	1	3	9	6	4	2	7	5
5	6	7	1	3	2	8	9	4
9	4	2	7	8	5	1	3	6

258

5	8	7	3	4	9	1	6	2
4	2	6	5	8	1	9	7	3
1	3	9	2	7	6	5	4	8
2	1	4	6	9	5	3	8	7
3	7	8	1	2	4	6	9	5
9	6	5	8	3	7	2	1	4
7	4	2	9	1	3	8	5	6
6	9	3	4	5	8	7	2	1
8	5	1	7	6	2	4	3	9

259

7	8	4	2	1	3	5	9	6
3	9	1	8	6	5	2	4	7
2	6	5	9	7	4	1	3	8
5	1	3	7	8	9	6	2	4
4	2	9	3	5	6	8	7	1
6	7	8	4	2	1	3	5	9
8	5	2	1	9	7	4	6	3
9	4	6	5	3	8	7	1	2
1	3	7	6	4	2	9	8	5

260

9	8	3	7	6	2	5	1	4
5	1	4	8	3	9	2	7	6
2	6	7	1	4	5	3	9	8
8	3	2	6	5	1	7	4	9
4	9	6	2	8	7	1	5	3
1	7	5	4	9	3	6	8	2
7	5	9	3	2	4	8	6	1
3	4	8	5	1	6	9	2	7
6	2	1	9	7	8	4	3	5

261

8	9	1	6	5	3	7	4	2
7	4	3	2	9	1	5	8	6
5	2	6	8	7	4	3	9	1
2	7	9	5	3	8	1	6	4
3	5	8	1	4	6	9	2	7
6	1	4	7	2	9	8	5	3
4	6	7	9	1	5	2	3	8
9	3	2	4	8	7	6	1	5
1	8	5	3	6	2	4	7	9

262

7	2	5	3	8	4	1	6	9
9	4	3	6	2	1	7	8	5
8	6	1	9	5	7	3	4	2
2	7	8	4	3	9	6	5	1
3	5	6	1	7	8	9	2	4
4	1	9	5	6	2	8	7	3
6	3	4	8	9	5	2	1	7
5	8	2	7	1	3	4	9	6
1	9	7	2	4	6	5	3	8

263

9	2	3	1	7	5	6	4	8
4	5	7	6	8	3	1	2	9
8	6	1	9	2	4	3	5	7
1	7	6	5	4	8	2	9	3
5	9	4	3	1	2	7	8	6
2	3	8	7	6	9	4	1	5
6	8	5	4	3	1	9	7	2
3	1	2	8	9	7	5	6	4
7	4	9	2	5	6	8	3	1

264

5	3	4	7	1	8	9	2	6
9	6	2	4	3	5	7	8	1
8	7	1	9	2	6	5	4	3
7	2	8	3	9	4	6	1	5
1	4	6	8	5	7	2	3	9
3	9	5	2	6	1	8	7	4
2	1	9	5	8	3	4	6	7
6	5	7	1	4	2	3	9	8
4	8	3	6	7	9	1	5	2

265

1	2	8	7	4	5	9	6	3
5	3	6	9	1	8	2	4	7
4	9	7	3	6	2	8	1	5
8	4	5	1	7	3	6	9	2
2	1	3	5	9	6	7	8	4
7	6	9	8	2	4	3	5	1
9	8	1	2	5	7	4	3	6
3	7	4	6	8	1	5	2	9
6	5	2	4	3	9	1	7	8

266

8	7	2	6	9	1	5	3	4
1	4	5	2	8	3	7	9	6
9	6	3	5	4	7	2	1	8
6	8	9	1	5	2	3	4	7
5	2	1	3	7	4	8	6	9
7	3	4	9	6	8	1	2	5
3	9	8	4	1	5	6	7	2
2	5	6	7	3	9	4	8	1
4	1	7	8	2	6	9	5	3

267

4	8	5	1	7	6	9	2	3
3	9	6	4	8	2	7	1	5
2	7	1	5	3	9	4	8	6
8	6	9	7	1	5	3	4	2
5	3	2	8	6	4	1	9	7
7	1	4	2	9	3	5	6	8
6	2	7	3	4	1	8	5	9
9	4	8	6	5	7	2	3	1
1	5	3	9	2	8	6	7	4

268

6	5	2	1	7	9	4	3	8
7	8	3	4	6	5	2	1	9
1	9	4	2	3	8	5	6	7
8	6	5	9	1	3	7	2	4
3	1	7	8	4	2	6	9	5
2	4	9	7	5	6	3	8	1
9	3	8	5	2	7	1	4	6
4	7	6	3	8	1	9	5	2
5	2	1	6	9	4	8	7	3

269

2	9	8	3	4	1	6	5	7
4	6	5	9	7	8	2	1	3
7	3	1	2	5	6	9	8	4
8	4	6	5	9	3	7	2	1
9	1	3	7	6	2	8	4	5
5	2	7	1	8	4	3	9	6
1	5	9	8	3	7	4	6	2
6	7	2	4	1	9	5	3	8
3	8	4	6	2	5	1	7	9

270

1	5	3	4	2	6	9	7	8
4	9	8	7	1	5	2	3	6
6	7	2	9	8	3	5	1	4
3	8	9	1	6	4	7	5	2
5	2	1	8	9	7	6	4	3
7	4	6	5	3	2	8	9	1
8	1	4	6	7	9	3	2	5
9	3	5	2	4	8	1	6	7
2	6	7	3	5	1	4	8	9

271

4	9	7	8	6	5	1	2	3
8	2	6	1	3	4	7	9	5
1	3	5	2	9	7	4	8	6
5	7	1	3	2	9	6	4	8
2	6	9	4	5	8	3	1	7
3	4	8	7	1	6	2	5	9
9	8	2	6	4	3	5	7	1
7	1	3	5	8	2	9	6	4
6	5	4	9	7	1	8	3	2

272

4	1	3	8	6	7	5	2	9
8	6	9	2	5	3	1	4	7
2	7	5	1	4	9	6	3	8
6	8	1	4	2	5	7	9	3
7	5	4	3	9	8	2	6	1
3	9	2	7	1	6	4	8	5
9	3	6	5	7	2	8	1	4
1	2	7	9	8	4	3	5	6
5	4	8	6	3	1	9	7	2

273

8	6	3	7	1	4	2	5	9
7	5	9	2	6	8	3	4	1
4	1	2	3	5	9	7	6	8
3	2	6	9	7	5	8	1	4
5	4	8	1	3	2	9	7	6
1	9	7	8	4	6	5	3	2
9	3	5	4	2	1	6	8	7
6	8	4	5	9	7	1	2	3
2	7	1	6	8	3	4	9	5

274

3	1	2	6	4	9	8	7	5
8	7	5	2	1	3	4	9	6
6	4	9	8	7	5	2	3	1
2	6	4	9	5	1	3	8	7
7	8	1	4	3	6	5	2	9
5	9	3	7	2	8	6	1	4
9	5	8	1	6	2	7	4	3
1	3	7	5	8	4	9	6	2
4	2	6	3	9	7	1	5	8

275

8	9	3	4	5	1	2	7	6
7	5	2	6	9	3	4	8	1
6	4	1	2	8	7	5	9	3
3	2	7	9	1	5	6	4	8
4	8	5	7	3	6	1	2	9
9	1	6	8	4	2	3	5	7
2	6	8	1	7	4	9	3	5
1	3	9	5	2	8	7	6	4
5	7	4	3	6	9	8	1	2

276

6	3	7	5	4	1	8	9	2
1	9	5	7	8	2	4	3	6
8	4	2	3	6	9	1	5	7
9	2	3	4	1	8	6	7	5
5	6	4	2	3	7	9	8	1
7	8	1	6	9	5	2	4	3
2	1	8	9	5	3	7	6	4
4	5	9	1	7	6	3	2	8
3	7	6	8	2	4	5	1	9

277

4	1	6	8	3	5	7	2	9
5	3	8	9	2	7	1	4	6
9	7	2	6	1	4	5	8	3
6	8	3	5	4	1	9	7	2
2	5	9	7	6	8	4	3	1
1	4	7	3	9	2	6	5	8
3	9	5	2	7	6	8	1	4
8	2	1	4	5	9	3	6	7
7	6	4	1	8	3	2	9	5

278

3	5	1	6	9	4	8	2	7
9	2	8	1	7	3	4	5	6
4	6	7	8	2	5	1	9	3
1	4	6	2	3	9	7	8	5
5	9	3	4	8	7	6	1	2
7	8	2	5	1	6	9	3	4
6	1	4	9	5	2	3	7	8
2	7	9	3	4	8	5	6	1
8	3	5	7	6	1	2	4	9

279

6	7	2	3	1	8	9	4	5
4	3	9	2	5	6	8	7	1
8	5	1	7	9	4	6	3	2
3	4	8	6	2	1	5	9	7
2	1	6	5	7	9	4	8	3
5	9	7	8	4	3	1	2	6
7	6	5	4	8	2	3	1	9
9	2	4	1	3	5	7	6	8
1	8	3	9	6	7	2	5	4

280

2	8	4	1	5	6	3	7	9
3	9	1	7	8	2	4	6	5
5	7	6	3	9	4	2	8	1
8	2	7	6	3	9	1	5	4
6	4	5	2	1	7	9	3	8
1	3	9	5	4	8	6	2	7
4	6	8	9	7	3	5	1	2
9	5	2	8	6	1	7	4	3
7	1	3	4	2	5	8	9	6

281

8	4	1	5	3	9	7	2	6
9	7	3	8	6	2	4	5	1
5	6	2	4	7	1	8	3	9
2	9	5	1	4	7	6	8	3
1	8	6	3	2	5	9	4	7
4	3	7	9	8	6	5	1	2
7	1	4	6	5	3	2	9	8
6	5	9	2	1	8	3	7	4
3	2	8	7	9	4	1	6	5

282

4	9	2	8	5	6	3	1	7
7	5	6	3	4	1	8	2	9
8	1	3	9	2	7	4	6	5
6	3	9	2	7	5	1	8	4
1	4	5	6	3	8	7	9	2
2	7	8	4	1	9	6	5	3
5	8	7	1	9	4	2	3	6
3	6	4	5	8	2	9	7	1
9	2	1	7	6	3	5	4	8

283

4	9	8	2	5	1	7	3	6
6	7	5	3	8	4	1	9	2
2	3	1	7	6	9	8	5	4
8	6	9	4	3	2	5	7	1
7	1	3	6	9	5	2	4	8
5	2	4	1	7	8	9	6	3
9	8	6	5	1	3	4	2	7
1	4	7	9	2	6	3	8	5
3	5	2	8	4	7	6	1	9

284

8	9	3	6	2	5	7	1	4
2	4	6	7	9	1	3	8	5
5	1	7	8	3	4	6	9	2
6	8	5	1	7	2	9	4	3
1	3	4	5	8	9	2	7	6
9	7	2	4	6	3	1	5	8
3	5	1	9	4	6	8	2	7
4	6	8	2	1	7	5	3	9
7	2	9	3	5	8	4	6	1

285

1	3	5	6	9	4	2	8	7
6	9	8	2	5	7	3	4	1
4	2	7	3	1	8	6	5	9
5	8	4	7	6	3	9	1	2
7	1	2	5	8	9	4	3	6
3	6	9	1	4	2	8	7	5
9	5	3	8	2	1	7	6	4
2	7	6	4	3	5	1	9	8
8	4	1	9	7	6	5	2	3

286

9	1	2	8	4	5	3	6	7
7	6	8	1	9	3	5	4	2
3	4	5	2	7	6	9	1	8
8	7	4	6	5	2	1	9	3
1	2	3	4	8	9	6	7	5
6	5	9	3	1	7	8	2	4
4	8	7	5	6	1	2	3	9
2	9	6	7	3	8	4	5	1
5	3	1	9	2	4	7	8	6

287

8	7	6	2	4	5	3	1	9
5	4	2	9	1	3	8	7	6
9	1	3	7	8	6	2	5	4
7	2	4	1	9	8	5	6	3
1	8	5	3	6	2	9	4	7
3	6	9	5	7	4	1	8	2
4	3	7	8	2	1	6	9	5
2	9	8	6	5	7	4	3	1
6	5	1	4	3	9	7	2	8

288

5	4	2	3	9	7	6	1	8
8	9	6	5	1	4	2	7	3
3	7	1	8	2	6	5	4	9
9	2	3	1	8	5	7	6	4
4	1	8	6	7	3	9	2	5
6	5	7	9	4	2	8	3	1
2	8	5	7	3	1	4	9	6
1	6	4	2	5	9	3	8	7
7	3	9	4	6	8	1	5	2

289

2	4	7	8	6	5	1	3	9
8	1	6	2	9	3	4	5	7
9	3	5	4	7	1	2	6	8
7	9	2	6	1	8	3	4	5
4	8	3	9	5	2	7	1	6
5	6	1	3	4	7	9	8	2
3	2	9	5	8	4	6	7	1
6	7	8	1	3	9	5	2	4
1	5	4	7	2	6	8	9	3

290

5	6	9	7	4	3	1	2	8
4	7	2	9	8	1	5	6	3
1	3	8	2	5	6	4	9	7
8	4	1	6	7	2	3	5	9
3	9	6	4	1	5	7	8	2
7	2	5	8	3	9	6	1	4
6	1	7	3	2	8	9	4	5
2	5	4	1	9	7	8	3	6
9	8	3	5	6	4	2	7	1

291

6	4	2	3	1	7	8	9	5
8	1	9	2	6	5	4	7	3
5	3	7	9	8	4	6	2	1
3	2	8	4	5	9	1	6	7
4	9	5	6	7	1	2	3	8
1	7	6	8	2	3	5	4	9
2	6	1	7	3	8	9	5	4
7	8	4	5	9	6	3	1	2
9	5	3	1	4	2	7	8	6

292

4	2	7	5	3	9	1	6	8
8	3	6	2	1	4	7	5	9
5	1	9	7	6	8	3	2	4
3	8	2	1	9	6	4	7	5
7	9	4	8	2	5	6	3	1
1	6	5	4	7	3	8	9	2
6	4	3	9	8	2	5	1	7
9	7	8	3	5	1	2	4	6
2	5	1	6	4	7	9	8	3

293

8	7	2	5	9	4	6	3	1
9	4	5	3	6	1	8	2	7
1	3	6	2	7	8	9	5	4
3	5	1	9	2	7	4	6	8
6	2	8	1	4	3	7	9	5
4	9	7	6	8	5	2	1	3
2	1	4	7	5	9	3	8	6
5	8	9	4	3	6	1	7	2
7	6	3	8	1	2	5	4	9

294

7	6	1	5	3	9	8	2	4
3	2	5	6	8	4	9	1	7
4	9	8	2	1	7	3	6	5
1	8	2	7	9	6	4	5	3
5	7	9	1	4	3	6	8	2
6	4	3	8	2	5	1	7	9
9	1	6	4	7	2	5	3	8
8	3	7	9	5	1	2	4	6
2	5	4	3	6	8	7	9	1

295

2	3	6	1	7	5	8	9	4
5	8	4	3	6	9	1	7	2
7	9	1	2	4	8	6	5	3
1	7	3	4	8	6	9	2	5
8	6	2	5	9	3	7	4	1
4	5	9	7	1	2	3	8	6
6	4	8	9	2	1	5	3	7
3	1	7	8	5	4	2	6	9
9	2	5	6	3	7	4	1	8

296

8	3	4	7	9	6	5	2	1
2	6	7	4	5	1	9	3	8
5	1	9	2	3	8	7	6	4
7	2	1	3	6	5	4	8	9
4	5	3	9	8	2	6	1	7
9	8	6	1	7	4	2	5	3
1	4	8	6	2	7	3	9	5
3	7	2	5	1	9	8	4	6
6	9	5	8	4	3	1	7	2

297

2	8	3	4	7	1	9	6	5
5	6	9	3	2	8	7	1	4
1	4	7	9	5	6	2	3	8
4	1	6	8	3	9	5	7	2
3	7	5	1	4	2	6	8	9
8	9	2	7	6	5	1	4	3
7	3	1	2	9	4	8	5	6
6	2	8	5	1	3	4	9	7
9	5	4	6	8	7	3	2	1

298

2	6	3	9	5	1	8	4	7
1	9	5	8	4	7	3	2	6
8	4	7	2	3	6	1	5	9
5	8	4	7	1	9	2	6	3
3	7	9	6	2	4	5	8	1
6	2	1	5	8	3	9	7	4
9	3	8	4	7	2	6	1	5
7	1	2	3	6	5	4	9	8
4	5	6	1	9	8	7	3	2

299

1	4	5	2	6	3	7	8	9
9	2	7	1	4	8	6	5	3
6	3	8	7	9	5	2	4	1
5	7	1	4	2	9	8	3	6
2	6	9	8	3	7	4	1	5
4	8	3	6	5	1	9	7	2
7	1	6	3	8	2	5	9	4
8	5	4	9	1	6	3	2	7
3	9	2	5	7	4	1	6	8

300

2	4	1	7	9	3	6	8	5
3	9	8	2	6	5	7	1	4
6	7	5	4	1	8	9	2	3
7	3	2	1	4	6	8	5	9
5	6	4	3	8	9	1	7	2
8	1	9	5	2	7	4	3	6
4	5	7	6	3	1	2	9	8
9	2	3	8	7	4	5	6	1
1	8	6	9	5	2	3	4	7

301

6	5	9	3	8	4	2	1	7
3	7	1	5	9	2	8	4	6
8	4	2	7	1	6	9	3	5
4	6	5	2	7	8	1	9	3
9	8	3	1	6	5	4	7	2
2	1	7	9	4	3	5	6	8
1	3	8	6	2	9	7	5	4
5	9	4	8	3	7	6	2	1
7	2	6	4	5	1	3	8	9

302

5	3	6	9	4	1	7	2	8
7	9	2	5	3	8	6	1	4
4	1	8	6	2	7	5	3	9
2	7	5	8	1	6	9	4	3
9	6	1	3	5	4	8	7	2
8	4	3	2	7	9	1	6	5
3	5	7	1	9	2	4	8	6
1	8	9	4	6	3	2	5	7
6	2	4	7	8	5	3	9	1

303

7	1	6	4	5	9	3	2	8
2	8	5	3	1	6	9	4	7
4	9	3	7	2	8	1	5	6
5	4	7	6	8	1	2	9	3
9	2	1	5	3	7	6	8	4
6	3	8	2	9	4	5	7	1
8	7	9	1	6	5	4	3	2
1	5	2	8	4	3	7	6	9
3	6	4	9	7	2	8	1	5

304

3	5	4	7	2	9	8	1	6
2	8	6	5	3	1	4	7	9
7	9	1	6	4	8	5	3	2
6	7	8	4	9	5	3	2	1
9	2	5	8	1	3	7	6	4
1	4	3	2	6	7	9	5	8
5	1	7	9	8	2	6	4	3
8	6	2	3	7	4	1	9	5
4	3	9	1	5	6	2	8	7

305

4	1	2	3	9	6	7	8	5
5	8	9	7	1	4	2	3	6
3	6	7	2	8	5	4	9	1
9	2	6	1	3	7	5	4	8
1	4	3	9	5	8	6	7	2
7	5	8	6	4	2	9	1	3
6	7	4	8	2	1	3	5	9
2	9	1	5	7	3	8	6	4
8	3	5	4	6	9	1	2	7

306

4	2	1	3	8	5	7	9	6
3	7	6	4	1	9	2	5	8
9	8	5	2	6	7	1	3	4
1	4	8	9	2	3	6	7	5
2	9	7	1	5	6	4	8	3
6	5	3	8	7	4	9	2	1
8	3	2	6	9	1	5	4	7
5	6	9	7	4	8	3	1	2
7	1	4	5	3	2	8	6	9

307

5	4	2	7	6	8	3	1	9
9	8	3	4	5	1	2	6	7
6	7	1	3	2	9	4	5	8
3	9	5	8	1	6	7	2	4
2	1	8	5	4	7	9	3	6
7	6	4	2	9	3	1	8	5
8	3	6	9	7	2	5	4	1
1	5	9	6	3	4	8	7	2
4	2	7	1	8	5	6	9	3

308

9	1	2	4	5	3	6	8	7
7	8	4	1	9	6	2	3	5
6	3	5	7	8	2	9	4	1
3	6	7	9	2	5	8	1	4
2	5	8	6	1	4	7	9	3
4	9	1	8	3	7	5	2	6
5	7	9	2	4	1	3	6	8
8	4	3	5	6	9	1	7	2
1	2	6	3	7	8	4	5	9

309

1	4	8	6	3	5	2	9	7
6	2	3	7	4	9	5	1	8
7	9	5	1	8	2	6	4	3
4	5	2	8	9	1	3	7	6
9	3	7	2	5	6	1	8	4
8	6	1	3	7	4	9	5	2
3	7	9	5	6	8	4	2	1
5	1	6	4	2	7	8	3	9
2	8	4	9	1	3	7	6	5

310

5	3	1	7	2	4	8	9	6
8	4	9	3	5	6	2	7	1
6	2	7	1	9	8	5	4	3
7	9	6	8	4	3	1	2	5
4	8	3	2	1	5	9	6	7
1	5	2	9	6	7	4	3	8
9	6	8	5	7	2	3	1	4
3	1	4	6	8	9	7	5	2
2	7	5	4	3	1	6	8	9

311

7	3	2	6	4	1	5	8	9
8	5	1	2	9	7	6	4	3
4	9	6	3	8	5	1	7	2
9	7	5	1	2	8	3	6	4
2	1	8	4	3	6	7	9	5
6	4	3	5	7	9	2	1	8
1	8	4	7	5	3	9	2	6
5	6	9	8	1	2	4	3	7
3	2	7	9	6	4	8	5	1

312

7	1	4	3	8	6	2	5	9
8	9	6	4	5	2	1	7	3
3	5	2	9	1	7	8	4	6
5	2	8	7	6	9	3	1	4
1	4	7	2	3	8	6	9	5
6	3	9	1	4	5	7	8	2
4	6	3	8	9	1	5	2	7
9	7	1	5	2	3	4	6	8
2	8	5	6	7	4	9	3	1

313

9	5	3	6	4	7	1	8	2
2	1	6	5	3	8	4	9	7
8	4	7	2	9	1	6	5	3
4	2	1	7	8	3	5	6	9
5	6	8	4	2	9	7	3	1
3	7	9	1	5	6	8	2	4
6	9	4	8	7	2	3	1	5
7	8	2	3	1	5	9	4	6
1	3	5	9	6	4	2	7	8

314

1	8	9	7	6	5	2	4	3
2	6	4	3	1	9	8	5	7
3	7	5	2	4	8	9	6	1
6	3	1	8	7	4	5	9	2
4	2	7	9	5	3	1	8	6
9	5	8	1	2	6	7	3	4
5	9	2	6	3	7	4	1	8
8	1	6	4	9	2	3	7	5
7	4	3	5	8	1	6	2	9

315

5	4	3	1	9	2	8	6	7
2	1	6	7	5	8	4	9	3
9	8	7	6	4	3	5	1	2
6	3	2	9	8	7	1	4	5
8	5	9	3	1	4	2	7	6
4	7	1	5	2	6	3	8	9
3	6	4	8	7	5	9	2	1
7	9	8	2	3	1	6	5	4
1	2	5	4	6	9	7	3	8

316

6	8	7	5	9	2	3	1	4
4	1	9	3	8	6	2	5	7
5	2	3	4	7	1	6	9	8
2	4	8	1	3	7	5	6	9
7	9	1	8	6	5	4	2	3
3	5	6	9	2	4	7	8	1
1	6	2	7	4	9	8	3	5
9	3	4	2	5	8	1	7	6
8	7	5	6	1	3	9	4	2

317

5	3	8	4	6	9	2	7	1
1	4	2	8	7	3	6	5	9
6	7	9	1	5	2	8	4	3
3	2	6	9	4	7	5	1	8
7	9	4	5	8	1	3	6	2
8	1	5	2	3	6	4	9	7
2	6	3	7	1	4	9	8	5
9	8	7	6	2	5	1	3	4
4	5	1	3	9	8	7	2	6

318

4	9	1	3	5	8	2	7	6
7	2	5	1	4	6	9	3	8
8	6	3	9	2	7	1	5	4
5	3	7	6	9	4	8	2	1
2	1	4	5	8	3	6	9	7
6	8	9	7	1	2	3	4	5
9	5	8	2	7	1	4	6	3
3	4	2	8	6	5	7	1	9
1	7	6	4	3	9	5	8	2

319

6	3	4	8	5	1	2	9	7
9	1	7	3	2	4	8	6	5
5	2	8	6	7	9	4	1	3
1	6	9	7	4	8	5	3	2
3	7	5	9	1	2	6	8	4
4	8	2	5	3	6	9	7	1
7	9	3	2	8	5	1	4	6
8	5	1	4	6	3	7	2	9
2	4	6	1	9	7	3	5	8

320

1	4	5	6	8	3	2	9	7
8	3	6	9	2	7	5	4	1
9	7	2	5	4	1	6	8	3
5	8	9	4	7	6	3	1	2
4	6	3	2	1	8	7	5	9
2	1	7	3	9	5	4	6	8
3	5	8	7	6	9	1	2	4
6	9	4	1	3	2	8	7	5
7	2	1	8	5	4	9	3	6

321

2	3	9	7	6	1	4	5	8
6	1	4	9	5	8	7	2	3
8	7	5	4	3	2	9	1	6
3	6	7	8	1	9	2	4	5
4	5	8	3	2	7	6	9	1
1	9	2	6	4	5	3	8	7
7	4	1	2	8	3	5	6	9
9	8	6	5	7	4	1	3	2
5	2	3	1	9	6	8	7	4

322

4	2	6	3	1	7	9	5	8
8	7	5	2	4	9	3	6	1
9	3	1	5	6	8	2	7	4
7	6	2	8	9	1	4	3	5
5	1	4	7	3	2	6	8	9
3	8	9	6	5	4	1	2	7
1	5	8	4	2	6	7	9	3
2	9	3	1	7	5	8	4	6
6	4	7	9	8	3	5	1	2

323

1	2	8	6	7	4	3	9	5
6	7	9	1	3	5	4	2	8
3	5	4	2	8	9	6	7	1
9	4	7	3	5	6	8	1	2
2	1	6	9	4	8	7	5	3
5	8	3	7	1	2	9	4	6
4	6	2	5	9	3	1	8	7
7	9	5	8	6	1	2	3	4
8	3	1	4	2	7	5	6	9

324

5	3	2	9	8	4	6	1	7
8	9	6	5	7	1	4	2	3
1	7	4	2	6	3	8	5	9
4	6	9	1	3	5	7	8	2
2	5	1	7	4	8	9	3	6
7	8	3	6	9	2	1	4	5
9	4	5	3	1	6	2	7	8
6	2	8	4	5	7	3	9	1
3	1	7	8	2	9	5	6	4

325

5	3	6	8	7	9	4	2	1
2	7	4	1	6	5	3	9	8
1	9	8	3	2	4	7	6	5
8	4	7	9	1	3	6	5	2
6	2	1	4	5	7	9	8	3
3	5	9	2	8	6	1	4	7
4	6	5	7	3	2	8	1	9
9	8	3	5	4	1	2	7	6
7	1	2	6	9	8	5	3	4

326

5	2	7	8	9	6	4	1	3
4	8	1	2	7	3	5	9	6
9	6	3	1	4	5	8	2	7
7	9	4	3	6	8	1	5	2
6	1	5	7	2	9	3	8	4
8	3	2	4	5	1	7	6	9
3	5	9	6	1	7	2	4	8
1	4	8	9	3	2	6	7	5
2	7	6	5	8	4	9	3	1

327

6	1	4	7	2	3	8	9	5
2	8	5	9	1	6	7	4	3
7	3	9	8	4	5	1	6	2
5	9	2	1	3	4	6	8	7
3	6	1	5	7	8	4	2	9
4	7	8	6	9	2	5	3	1
1	5	3	4	6	9	2	7	8
8	2	6	3	5	7	9	1	4
9	4	7	2	8	1	3	5	6

328

2	8	7	5	3	9	6	1	4
3	6	5	8	4	1	9	2	7
1	9	4	2	7	6	5	3	8
6	5	1	9	8	7	2	4	3
8	7	2	4	5	3	1	9	6
9	4	3	1	6	2	7	8	5
7	1	6	3	2	8	4	5	9
4	3	9	7	1	5	8	6	2
5	2	8	6	9	4	3	7	1

329

8	5	4	6	9	1	2	3	7
7	1	2	8	3	5	4	9	6
6	3	9	7	4	2	5	8	1
3	4	8	9	7	6	1	5	2
2	6	7	5	1	8	3	4	9
5	9	1	3	2	4	7	6	8
4	7	5	2	8	9	6	1	3
9	2	6	1	5	3	8	7	4
1	8	3	4	6	7	9	2	5

330

2	7	9	3	4	5	8	6	1
8	4	1	6	7	2	9	5	3
5	6	3	9	8	1	4	7	2
6	1	8	7	5	3	2	9	4
3	9	2	4	1	6	7	8	5
4	5	7	8	2	9	1	3	6
1	3	6	2	9	7	5	4	8
9	2	4	5	6	8	3	1	7
7	8	5	1	3	4	6	2	9

331

3	8	5	9	1	7	4	6	2
1	4	9	8	6	2	5	7	3
7	2	6	4	3	5	8	1	9
5	3	4	7	2	9	6	8	1
2	1	8	5	4	6	9	3	7
6	9	7	1	8	3	2	4	5
9	7	3	6	5	4	1	2	8
8	6	2	3	9	1	7	5	4
4	5	1	2	7	8	3	9	6

332

2	9	8	5	6	3	4	7	1
4	7	3	2	9	1	6	5	8
6	5	1	7	8	4	9	3	2
5	3	6	9	7	8	2	1	4
1	2	7	4	3	6	5	8	9
8	4	9	1	2	5	7	6	3
7	8	2	6	1	9	3	4	5
9	1	4	3	5	7	8	2	6
3	6	5	8	4	2	1	9	7

333

5	4	7	8	9	3	1	6	2
1	3	2	7	5	6	8	4	9
8	6	9	1	2	4	7	3	5
6	7	8	3	4	2	5	9	1
9	2	3	6	1	5	4	8	7
4	1	5	9	7	8	3	2	6
2	9	1	4	3	7	6	5	8
3	5	6	2	8	1	9	7	4
7	8	4	5	6	9	2	1	3

334

6	7	5	3	9	8	4	2	1
4	9	8	6	1	2	7	3	5
1	3	2	5	7	4	9	8	6
7	2	4	1	6	9	8	5	3
8	6	1	4	5	3	2	7	9
3	5	9	2	8	7	6	1	4
9	8	6	7	3	5	1	4	2
2	1	3	8	4	6	5	9	7
5	4	7	9	2	1	3	6	8

335

9	3	8	6	2	5	4	7	1
1	7	2	9	4	3	8	6	5
5	6	4	1	8	7	9	2	3
2	1	7	8	9	6	5	3	4
6	8	5	3	7	4	1	9	2
4	9	3	2	5	1	7	8	6
3	4	9	5	6	8	2	1	7
8	5	6	7	1	2	3	4	9
7	2	1	4	3	9	6	5	8

336

2	1	6	5	8	7	3	9	4
8	9	5	3	2	4	7	6	1
3	4	7	9	1	6	5	2	8
7	2	3	6	4	9	8	1	5
4	8	1	7	5	2	6	3	9
6	5	9	1	3	8	2	4	7
1	3	4	2	7	5	9	8	6
9	7	2	8	6	1	4	5	3
5	6	8	4	9	3	1	7	2

337

4	7	1	3	9	8	2	5	6
2	3	5	6	1	4	7	9	8
6	9	8	2	5	7	1	4	3
3	2	9	5	8	6	4	7	1
1	4	6	7	2	3	5	8	9
8	5	7	1	4	9	6	3	2
9	1	3	4	6	5	8	2	7
5	8	2	9	7	1	3	6	4
7	6	4	8	3	2	9	1	5

338

4	9	7	8	3	2	6	5	1
1	6	5	7	9	4	8	3	2
3	2	8	6	1	5	9	7	4
2	1	4	9	8	3	5	6	7
7	3	6	5	4	1	2	9	8
5	8	9	2	7	6	1	4	3
8	5	1	3	6	7	4	2	9
9	7	2	4	5	8	3	1	6
6	4	3	1	2	9	7	8	5

339

8	1	5	3	4	2	7	6	9
4	6	7	1	9	8	5	3	2
3	9	2	7	5	6	8	1	4
6	7	3	2	8	9	4	5	1
9	2	4	5	1	3	6	8	7
1	5	8	4	6	7	2	9	3
2	8	9	6	7	1	3	4	5
7	4	1	8	3	5	9	2	6
5	3	6	9	2	4	1	7	8

340

7	2	6	3	1	5	8	4	9
9	4	1	2	6	8	7	5	3
8	5	3	9	4	7	1	6	2
4	9	2	8	5	3	6	7	1
1	6	5	4	7	9	3	2	8
3	8	7	6	2	1	4	9	5
6	1	9	5	3	4	2	8	7
5	7	4	1	8	2	9	3	6
2	3	8	7	9	6	5	1	4

341

2	7	9	8	5	1	3	4	6
5	8	1	3	6	4	2	9	7
6	4	3	7	9	2	5	8	1
4	5	7	2	1	8	9	6	3
9	2	6	4	3	5	7	1	8
1	3	8	9	7	6	4	5	2
7	1	2	6	4	9	8	3	5
8	6	4	5	2	3	1	7	9
3	9	5	1	8	7	6	2	4

342

6	7	5	9	1	8	4	2	3
9	4	3	6	5	2	7	1	8
2	8	1	3	7	4	5	9	6
3	1	2	5	6	9	8	7	4
5	9	7	8	4	3	2	6	1
8	6	4	1	2	7	3	5	9
4	2	6	7	8	1	9	3	5
7	5	9	4	3	6	1	8	2
1	3	8	2	9	5	6	4	7

343

4	3	6	5	9	2	7	1	8
9	2	1	3	7	8	6	4	5
8	5	7	1	6	4	9	2	3
5	8	4	9	2	1	3	7	6
2	6	9	8	3	7	4	5	1
7	1	3	6	4	5	8	9	2
1	7	5	4	8	6	2	3	9
3	4	8	2	1	9	5	6	7
6	9	2	7	5	3	1	8	4

344

9	2	3	5	6	7	4	1	8
4	5	7	1	8	2	3	6	9
6	8	1	9	3	4	5	2	7
2	9	8	7	1	3	6	5	4
5	7	6	2	4	9	8	3	1
3	1	4	8	5	6	7	9	2
7	4	9	3	2	5	1	8	6
8	6	5	4	9	1	2	7	3
1	3	2	6	7	8	9	4	5

345

1	5	9	7	4	8	2	6	3
3	2	8	1	6	5	7	9	4
4	6	7	3	9	2	8	1	5
9	4	5	2	7	1	6	3	8
2	1	3	5	8	6	4	7	9
8	7	6	9	3	4	1	5	2
6	3	1	4	2	9	5	8	7
5	9	4	8	1	7	3	2	6
7	8	2	6	5	3	9	4	1

346

2	4	9	3	8	6	1	7	5
6	8	7	4	1	5	3	9	2
3	5	1	9	2	7	8	4	6
1	3	8	2	4	9	5	6	7
7	6	4	1	5	3	2	8	9
5	9	2	6	7	8	4	3	1
8	1	5	7	6	4	9	2	3
9	2	6	8	3	1	7	5	4
4	7	3	5	9	2	6	1	8

347

1	6	4	7	8	5	2	9	3
3	2	8	4	1	9	5	6	7
7	9	5	2	6	3	4	8	1
4	1	2	8	7	6	3	5	9
6	8	9	3	5	4	1	7	2
5	3	7	1	9	2	6	4	8
9	5	3	6	2	7	8	1	4
8	4	6	9	3	1	7	2	5
2	7	1	5	4	8	9	3	6

348

4	1	5	3	2	6	7	8	9
6	7	2	9	8	4	3	5	1
8	3	9	7	5	1	4	6	2
3	9	1	5	7	2	6	4	8
5	4	8	6	3	9	1	2	7
7	2	6	4	1	8	9	3	5
1	8	4	2	9	3	5	7	6
2	6	7	1	4	5	8	9	3
9	5	3	8	6	7	2	1	4

349

9	4	7	6	8	3	2	5	1
1	5	3	7	4	2	6	9	8
2	6	8	1	5	9	4	3	7
8	7	6	5	3	4	9	1	2
4	9	5	8	2	1	3	7	6
3	1	2	9	7	6	5	8	4
6	3	1	2	9	8	7	4	5
5	2	9	4	1	7	8	6	3
7	8	4	3	6	5	1	2	9

350

8	5	2	3	6	9	4	1	7
4	6	9	1	8	7	3	5	2
3	1	7	2	4	5	6	9	8
5	9	4	7	2	1	8	3	6
2	3	8	9	5	6	7	4	1
1	7	6	4	3	8	9	2	5
6	8	3	5	9	2	1	7	4
9	2	1	8	7	4	5	6	3
7	4	5	6	1	3	2	8	9

351

7	5	3	6	4	8	9	1	2
2	9	6	1	3	5	7	4	8
1	4	8	9	2	7	5	3	6
3	6	7	8	1	9	2	5	4
5	2	1	3	7	4	8	6	9
4	8	9	2	5	6	3	7	1
6	7	4	5	9	2	1	8	3
9	3	5	4	8	1	6	2	7
8	1	2	7	6	3	4	9	5

352

8	2	7	3	4	1	5	9	6
6	1	3	8	5	9	7	2	4
9	5	4	2	7	6	8	3	1
2	8	6	9	1	3	4	7	5
5	7	1	4	6	2	3	8	9
3	4	9	7	8	5	6	1	2
4	9	8	6	2	7	1	5	3
1	6	2	5	3	8	9	4	7
7	3	5	1	9	4	2	6	8

353

2	3	5	6	8	9	7	4	1
6	1	4	5	2	7	9	3	8
9	8	7	1	4	3	6	2	5
7	5	8	3	6	2	4	1	9
3	6	1	8	9	4	2	5	7
4	9	2	7	1	5	3	8	6
5	7	9	2	3	8	1	6	4
8	2	6	4	7	1	5	9	3
1	4	3	9	5	6	8	7	2

354

4	9	8	3	1	7	6	5	2
2	1	6	8	9	5	3	7	4
7	5	3	2	6	4	8	9	1
1	2	9	5	4	3	7	8	6
6	3	5	7	8	1	4	2	9
8	4	7	9	2	6	5	1	3
3	6	2	1	7	8	9	4	5
9	8	4	6	5	2	1	3	7
5	7	1	4	3	9	2	6	8

355

7	3	4	5	8	2	6	1	9
6	5	2	4	9	1	3	7	8
9	8	1	7	6	3	5	2	4
5	9	8	1	7	6	2	4	3
4	2	3	8	5	9	1	6	7
1	7	6	3	2	4	9	8	5
2	6	7	9	3	8	4	5	1
3	4	5	6	1	7	8	9	2
8	1	9	2	4	5	7	3	6

356

8	3	2	7	1	6	4	9	5
4	6	1	9	3	5	2	8	7
7	5	9	4	8	2	1	3	6
1	2	6	5	7	3	9	4	8
9	4	5	1	2	8	7	6	3
3	7	8	6	9	4	5	2	1
6	9	3	2	5	7	8	1	4
5	1	4	8	6	9	3	7	2
2	8	7	3	4	1	6	5	9

357

2	6	4	7	1	9	3	8	5
9	7	1	8	5	3	6	2	4
8	5	3	6	2	4	9	1	7
7	8	9	5	6	2	4	3	1
1	2	5	3	4	7	8	9	6
3	4	6	9	8	1	5	7	2
5	1	8	2	9	6	7	4	3
4	9	7	1	3	5	2	6	8
6	3	2	4	7	8	1	5	9

358

4	5	3	2	7	9	6	1	8
7	1	8	4	5	6	9	2	3
6	2	9	8	3	1	7	4	5
5	7	4	9	1	2	8	3	6
9	3	2	7	6	8	1	5	4
1	8	6	3	4	5	2	7	9
8	4	5	6	2	7	3	9	1
3	9	7	1	8	4	5	6	2
2	6	1	5	9	3	4	8	7

359

7	5	4	1	2	8	6	3	9
6	8	2	7	9	3	5	4	1
9	1	3	6	5	4	2	7	8
2	6	5	3	1	7	8	9	4
3	9	7	4	8	5	1	2	6
8	4	1	2	6	9	7	5	3
4	7	8	5	3	1	9	6	2
5	2	9	8	4	6	3	1	7
1	3	6	9	7	2	4	8	5

360

3	7	8	5	4	9	2	6	1
5	1	6	2	8	3	7	4	9
9	2	4	1	6	7	3	5	8
7	9	3	8	2	4	5	1	6
8	4	5	3	1	6	9	7	2
2	6	1	9	7	5	4	8	3
4	3	2	6	5	8	1	9	7
1	8	7	4	9	2	6	3	5
6	5	9	7	3	1	8	2	4

361

9	2	7	1	5	3	4	8	6
3	6	8	9	4	7	1	2	5
1	4	5	2	6	8	7	9	3
6	5	1	8	2	9	3	4	7
4	3	9	5	7	6	8	1	2
8	7	2	4	3	1	5	6	9
2	9	3	7	1	4	6	5	8
7	8	4	6	9	5	2	3	1
5	1	6	3	8	2	9	7	4

362

2	7	8	6	1	9	4	3	5
4	9	6	7	3	5	8	1	2
3	5	1	8	2	4	7	6	9
7	1	4	9	6	8	2	5	3
8	3	9	4	5	2	6	7	1
5	6	2	3	7	1	9	8	4
9	4	5	1	8	7	3	2	6
1	8	3	2	9	6	5	4	7
6	2	7	5	4	3	1	9	8

363

6	7	8	5	9	4	3	1	2
9	2	1	6	8	3	7	5	4
4	3	5	1	2	7	9	6	8
2	1	4	3	5	8	6	7	9
8	6	7	4	1	9	2	3	5
3	5	9	2	7	6	8	4	1
1	4	6	9	3	2	5	8	7
7	9	3	8	4	5	1	2	6
5	8	2	7	6	1	4	9	3

364

4	3	8	6	1	2	7	9	5
7	1	6	4	9	5	2	8	3
2	5	9	3	8	7	1	4	6
6	7	3	5	4	1	9	2	8
1	8	5	9	2	6	3	7	4
9	2	4	8	7	3	6	5	1
3	6	7	2	5	4	8	1	9
8	4	1	7	3	9	5	6	2
5	9	2	1	6	8	4	3	7

365

1	9	5	4	2	8	3	7	6
2	6	7	1	5	3	4	9	8
3	4	8	9	7	6	1	2	5
5	1	2	6	8	9	7	3	4
4	3	9	7	1	5	6	8	2
7	8	6	3	4	2	9	5	1
6	2	1	8	3	7	5	4	9
8	7	4	5	9	1	2	6	3
9	5	3	2	6	4	8	1	7

366

3	8	6	5	9	1	4	7	2
2	7	9	8	6	4	3	1	5
4	1	5	7	2	3	6	9	8
5	4	1	9	8	7	2	6	3
9	3	8	6	1	2	5	4	7
7	6	2	3	4	5	9	8	1
8	9	3	1	5	6	7	2	4
6	2	7	4	3	8	1	5	9
1	5	4	2	7	9	8	3	6

367

4	8	1	9	2	3	5	7	6
7	3	5	8	1	6	2	4	9
6	9	2	7	4	5	8	3	1
5	4	9	1	8	2	3	6	7
1	6	8	3	7	9	4	5	2
3	2	7	6	5	4	9	1	8
8	7	4	5	9	1	6	2	3
2	1	3	4	6	8	7	9	5
9	5	6	2	3	7	1	8	4

368

7	5	4	6	9	2	3	8	1
8	9	6	5	3	1	7	2	4
2	1	3	8	7	4	6	9	5
3	8	2	7	6	5	1	4	9
4	7	1	9	2	3	8	5	6
9	6	5	1	4	8	2	3	7
5	4	8	3	1	7	9	6	2
6	2	7	4	8	9	5	1	3
1	3	9	2	5	6	4	7	8

369

2	3	7	5	8	4	6	9	1
9	8	6	3	1	2	4	5	7
5	1	4	7	6	9	3	8	2
7	4	5	2	9	6	1	3	8
8	9	1	4	7	3	2	6	5
3	6	2	8	5	1	9	7	4
6	2	8	9	4	7	5	1	3
4	5	9	1	3	8	7	2	6
1	7	3	6	2	5	8	4	9

370

3	5	6	4	9	8	2	1	7
4	2	1	5	6	7	8	3	9
7	9	8	3	2	1	5	4	6
8	3	7	2	4	9	6	5	1
2	4	9	1	5	6	7	8	3
6	1	5	8	7	3	9	2	4
1	6	4	9	8	5	3	7	2
9	8	3	7	1	2	4	6	5
5	7	2	6	3	4	1	9	8

371

1	7	6	8	3	2	4	5	9
8	4	3	6	5	9	1	7	2
5	9	2	7	4	1	6	8	3
9	1	4	2	7	3	8	6	5
6	3	8	1	9	5	2	4	7
7	2	5	4	8	6	3	9	1
4	5	9	3	1	8	7	2	6
2	8	1	5	6	7	9	3	4
3	6	7	9	2	4	5	1	8

372

3	2	4	5	6	8	9	7	1
6	1	9	4	7	2	3	8	5
7	8	5	3	9	1	2	6	4
4	5	6	9	2	7	8	1	3
8	7	2	6	1	3	5	4	9
1	9	3	8	4	5	7	2	6
2	3	8	1	5	6	4	9	7
5	4	1	7	8	9	6	3	2
9	6	7	2	3	4	1	5	8

373

9	5	7	1	3	4	6	2	8
1	6	2	5	7	8	9	4	3
4	8	3	6	2	9	5	1	7
8	1	6	7	9	5	2	3	4
7	9	5	3	4	2	1	8	6
3	2	4	8	1	6	7	5	9
6	7	8	4	5	1	3	9	2
5	4	9	2	6	3	8	7	1
2	3	1	9	8	7	4	6	5

374

6	7	1	3	2	5	9	8	4
2	4	3	1	9	8	7	6	5
8	5	9	4	6	7	3	1	2
9	3	2	5	7	1	8	4	6
5	6	7	8	4	2	1	3	9
4	1	8	6	3	9	5	2	7
3	8	4	9	5	6	2	7	1
7	9	6	2	1	3	4	5	8
1	2	5	7	8	4	6	9	3

375

2	9	4	5	6	7	1	3	8
7	3	5	1	2	8	4	6	9
6	1	8	9	3	4	2	7	5
3	7	9	8	4	2	6	5	1
1	4	2	3	5	6	8	9	7
8	5	6	7	1	9	3	4	2
5	8	3	6	7	1	9	2	4
9	2	7	4	8	3	5	1	6
4	6	1	2	9	5	7	8	3

376

4	9	7	3	5	8	6	2	1
3	6	8	7	2	1	5	9	4
5	2	1	4	9	6	8	7	3
9	7	4	8	1	2	3	6	5
2	3	5	9	6	4	1	8	7
8	1	6	5	7	3	2	4	9
7	4	2	1	8	5	9	3	6
1	8	9	6	3	7	4	5	2
6	5	3	2	4	9	7	1	8

377

4	1	3	8	6	2	9	5	7
2	6	8	5	7	9	1	3	4
9	7	5	4	1	3	6	2	8
3	8	4	2	9	5	7	6	1
7	9	1	6	3	4	5	8	2
6	5	2	1	8	7	3	4	9
5	3	7	9	2	8	4	1	6
1	2	9	3	4	6	8	7	5
8	4	6	7	5	1	2	9	3

378

8	9	5	6	3	4	7	1	2
6	2	3	8	7	1	9	5	4
7	1	4	9	2	5	6	8	3
5	6	1	4	8	3	2	7	9
2	3	9	5	1	7	8	4	6
4	8	7	2	6	9	5	3	1
1	5	6	3	9	8	4	2	7
9	7	8	1	4	2	3	6	5
3	4	2	7	5	6	1	9	8

379

8	9	1	3	6	2	4	7	5
3	6	7	9	4	5	1	2	8
4	5	2	1	8	7	9	3	6
5	4	9	2	1	6	3	8	7
6	1	8	5	7	3	2	4	9
7	2	3	8	9	4	6	5	1
9	3	5	6	2	8	7	1	4
2	7	6	4	5	1	8	9	3
1	8	4	7	3	9	5	6	2

380

8	6	1	2	3	5	7	9	4
4	9	5	7	1	8	3	2	6
3	2	7	9	6	4	8	5	1
6	4	2	3	9	7	1	8	5
5	1	9	6	8	2	4	3	7
7	3	8	5	4	1	9	6	2
1	7	3	8	2	6	5	4	9
2	8	4	1	5	9	6	7	3
9	5	6	4	7	3	2	1	8

381

6	5	8	4	9	2	3	1	7
3	2	7	8	5	1	9	6	4
1	4	9	3	7	6	2	8	5
2	6	4	7	1	5	8	3	9
7	3	1	6	8	9	4	5	2
9	8	5	2	4	3	1	7	6
4	1	6	9	3	7	5	2	8
8	7	3	5	2	4	6	9	1
5	9	2	1	6	8	7	4	3

382

8	7	1	9	3	6	4	5	2
4	2	3	5	8	7	1	6	9
5	9	6	2	4	1	8	3	7
9	3	4	8	1	2	5	7	6
2	6	8	7	9	5	3	4	1
1	5	7	3	6	4	2	9	8
7	8	9	1	5	3	6	2	4
3	4	2	6	7	8	9	1	5
6	1	5	4	2	9	7	8	3

383

1	3	5	8	4	7	2	6	9
8	7	9	5	6	2	1	4	3
4	6	2	3	1	9	5	7	8
2	9	7	1	3	6	4	8	5
6	5	8	9	7	4	3	2	1
3	4	1	2	8	5	6	9	7
7	8	6	4	5	3	9	1	2
9	1	3	6	2	8	7	5	4
5	2	4	7	9	1	8	3	6

384

1	9	2	3	4	6	8	5	7
8	5	7	1	2	9	4	6	3
6	4	3	7	5	8	2	1	9
5	3	6	8	9	7	1	4	2
2	8	1	6	3	4	7	9	5
9	7	4	5	1	2	3	8	6
4	6	5	2	7	1	9	3	8
7	1	8	9	6	3	5	2	4
3	2	9	4	8	5	6	7	1

385

2	1	9	8	6	4	3	5	7
4	3	5	7	9	1	8	6	2
7	8	6	5	3	2	4	9	1
5	2	8	9	1	7	6	3	4
3	4	1	2	5	6	7	8	9
9	6	7	4	8	3	2	1	5
8	9	4	6	2	5	1	7	3
1	5	2	3	7	8	9	4	6
6	7	3	1	4	9	5	2	8

386

2	7	4	6	8	5	3	9	1
1	6	8	2	9	3	5	4	7
9	5	3	4	7	1	8	6	2
8	1	9	7	3	6	4	2	5
4	2	6	8	5	9	7	1	3
7	3	5	1	4	2	9	8	6
3	9	1	5	6	4	2	7	8
5	8	2	9	1	7	6	3	4
6	4	7	3	2	8	1	5	9

387

8	9	4	3	1	2	6	7	5
5	3	7	9	8	6	4	2	1
1	2	6	4	7	5	8	3	9
6	4	1	5	3	9	7	8	2
2	7	5	6	4	8	1	9	3
3	8	9	1	2	7	5	4	6
9	6	2	7	5	4	3	1	8
4	5	3	8	9	1	2	6	7
7	1	8	2	6	3	9	5	4

388

1	3	4	8	9	7	6	2	5
6	9	5	2	3	4	8	7	1
2	7	8	1	6	5	9	4	3
5	8	7	4	2	1	3	9	6
3	2	9	7	8	6	5	1	4
4	1	6	3	5	9	7	8	2
8	6	1	9	4	3	2	5	7
7	5	2	6	1	8	4	3	9
9	4	3	5	7	2	1	6	8

389

3	7	9	2	4	6	8	5	1
4	1	8	9	5	7	3	2	6
6	2	5	3	1	8	7	4	9
2	9	1	8	6	4	5	3	7
8	5	4	7	3	1	6	9	2
7	3	6	5	9	2	4	1	8
5	6	2	1	7	3	9	8	4
1	4	3	6	8	9	2	7	5
9	8	7	4	2	5	1	6	3

390

8	5	1	6	3	2	7	9	4
4	3	7	5	9	1	2	6	8
2	9	6	4	8	7	3	1	5
3	2	8	9	6	4	5	7	1
7	1	4	8	2	5	6	3	9
5	6	9	1	7	3	4	8	2
9	8	5	7	4	6	1	2	3
6	4	2	3	1	9	8	5	7
1	7	3	2	5	8	9	4	6

391

2	3	8	7	6	4	9	1	5
5	9	4	1	3	8	2	7	6
7	1	6	2	9	5	8	4	3
1	5	2	9	4	3	6	8	7
6	4	7	5	8	2	1	3	9
3	8	9	6	7	1	4	5	2
9	7	3	4	1	6	5	2	8
8	2	1	3	5	9	7	6	4
4	6	5	8	2	7	3	9	1

392

6	4	1	8	2	9	5	7	3
9	5	7	1	6	3	2	8	4
3	8	2	7	5	4	9	6	1
2	1	3	5	8	6	4	9	7
5	6	4	9	1	7	8	3	2
7	9	8	3	4	2	6	1	5
4	2	9	6	3	1	7	5	8
8	3	6	2	7	5	1	4	9
1	7	5	4	9	8	3	2	6

393

2	1	5	9	7	8	4	6	3
3	4	9	1	6	5	7	8	2
6	7	8	4	2	3	1	9	5
1	2	3	7	8	4	6	5	9
7	8	6	5	1	9	2	3	4
5	9	4	6	3	2	8	7	1
8	6	2	3	9	1	5	4	7
9	5	7	2	4	6	3	1	8
4	3	1	8	5	7	9	2	6

394

3	5	4	1	9	7	6	8	2
1	7	6	8	5	2	3	9	4
8	2	9	6	3	4	1	7	5
5	1	7	9	8	6	2	4	3
9	3	8	2	4	5	7	1	6
4	6	2	3	7	1	8	5	9
2	4	1	5	6	8	9	3	7
6	9	5	7	1	3	4	2	8
7	8	3	4	2	9	5	6	1

395

4	5	8	1	3	2	7	6	9
1	2	6	8	7	9	5	3	4
3	7	9	6	5	4	8	2	1
5	6	1	3	9	8	4	7	2
8	4	2	5	1	7	6	9	3
9	3	7	2	4	6	1	5	8
7	9	5	4	2	1	3	8	6
2	8	4	7	6	3	9	1	5
6	1	3	9	8	5	2	4	7

396

4	3	8	9	2	6	1	5	7
5	1	7	3	8	4	2	6	9
6	9	2	7	5	1	8	4	3
2	5	4	6	9	8	7	3	1
3	6	9	1	7	2	5	8	4
8	7	1	5	4	3	6	9	2
1	8	6	2	3	9	4	7	5
9	2	5	4	6	7	3	1	8
7	4	3	8	1	5	9	2	6

397

6	4	7	2	1	3	5	9	8
9	2	8	5	4	6	3	7	1
1	3	5	9	7	8	2	6	4
7	9	4	1	5	2	6	8	3
3	1	6	8	9	4	7	2	5
5	8	2	3	6	7	1	4	9
4	5	9	7	2	1	8	3	6
2	6	3	4	8	5	9	1	7
8	7	1	6	3	9	4	5	2

398

9	5	2	3	6	7	1	8	4
4	7	3	1	8	2	5	6	9
1	6	8	4	5	9	3	2	7
6	1	7	9	4	3	8	5	2
3	2	4	5	1	8	7	9	6
8	9	5	7	2	6	4	3	1
2	3	9	8	7	1	6	4	5
7	4	6	2	3	5	9	1	8
5	8	1	6	9	4	2	7	3

399

1	4	2	8	7	3	5	9	6
5	6	7	2	4	9	8	3	1
3	8	9	1	6	5	7	4	2
4	9	1	6	8	2	3	5	7
7	3	5	4	9	1	6	2	8
6	2	8	5	3	7	9	1	4
2	1	6	9	5	8	4	7	3
9	7	4	3	2	6	1	8	5
8	5	3	7	1	4	2	6	9

400

4	6	2	7	3	8	9	1	5
8	9	1	4	2	5	7	6	3
7	3	5	6	9	1	2	4	8
3	4	7	8	6	2	5	9	1
5	1	6	3	7	9	8	2	4
2	8	9	5	1	4	3	7	6
6	7	4	9	5	3	1	8	2
1	5	8	2	4	7	6	3	9
9	2	3	1	8	6	4	5	7

401

6	8	7	1	3	2	5	9	4
5	2	1	6	4	9	3	7	8
9	3	4	7	8	5	2	6	1
7	1	9	4	6	3	8	5	2
8	5	6	2	1	7	4	3	9
2	4	3	9	5	8	7	1	6
1	9	8	5	7	4	6	2	3
4	6	5	3	2	1	9	8	7
3	7	2	8	9	6	1	4	5

402

5	6	4	2	3	1	9	8	7
7	9	2	6	4	8	5	1	3
3	1	8	7	5	9	2	6	4
6	4	5	3	7	2	8	9	1
1	3	9	4	8	5	6	7	2
8	2	7	1	9	6	4	3	5
9	5	3	8	2	7	1	4	6
2	7	1	9	6	4	3	5	8
4	8	6	5	1	3	7	2	9

403

8	5	9	2	7	6	3	4	1
6	7	2	1	3	4	5	9	8
1	3	4	9	8	5	2	6	7
2	6	8	7	9	1	4	3	5
4	1	7	5	6	3	9	8	2
5	9	3	8	4	2	7	1	6
7	4	6	3	2	8	1	5	9
3	2	5	6	1	9	8	7	4
9	8	1	4	5	7	6	2	3

404

2	7	9	1	3	6	4	5	8
6	8	5	4	9	7	1	3	2
1	3	4	2	5	8	6	7	9
3	4	8	7	1	9	5	2	6
9	1	6	3	2	5	8	4	7
7	5	2	8	6	4	9	1	3
4	9	7	5	8	2	3	6	1
5	6	3	9	7	1	2	8	4
8	2	1	6	4	3	7	9	5

405

9	6	2	7	3	4	8	5	1
8	7	4	5	1	9	3	2	6
1	5	3	8	6	2	7	4	9
6	8	9	1	7	5	2	3	4
7	2	1	9	4	3	5	6	8
4	3	5	6	2	8	9	1	7
3	4	7	2	9	1	6	8	5
2	9	8	4	5	6	1	7	3
5	1	6	3	8	7	4	9	2

406

3	1	6	9	2	7	5	8	4
9	2	4	6	8	5	1	3	7
5	7	8	4	3	1	9	2	6
6	9	5	1	4	2	3	7	8
8	3	7	5	9	6	4	1	2
2	4	1	8	7	3	6	9	5
1	8	3	7	5	4	2	6	9
7	5	2	3	6	9	8	4	1
4	6	9	2	1	8	7	5	3

407

4	2	1	8	5	3	7	6	9
7	8	5	1	9	6	3	4	2
3	6	9	7	2	4	8	1	5
6	9	3	5	1	7	2	8	4
2	1	4	6	3	8	5	9	7
5	7	8	9	4	2	6	3	1
8	4	2	3	7	9	1	5	6
9	5	6	2	8	1	4	7	3
1	3	7	4	6	5	9	2	8

408

1	6	2	3	8	4	5	9	7
9	7	8	6	2	5	3	1	4
3	5	4	1	7	9	8	2	6
4	3	6	8	5	2	1	7	9
2	9	1	7	4	3	6	8	5
5	8	7	9	6	1	4	3	2
8	1	5	2	9	6	7	4	3
7	4	9	5	3	8	2	6	1
6	2	3	4	1	7	9	5	8

409

1	5	4	2	8	3	9	7	6
9	8	3	4	7	6	5	1	2
7	2	6	9	1	5	8	4	3
4	9	5	1	6	7	3	2	8
8	3	2	5	9	4	7	6	1
6	7	1	3	2	8	4	5	9
3	4	8	6	5	2	1	9	7
2	1	7	8	4	9	6	3	5
5	6	9	7	3	1	2	8	4

410

2	4	6	1	8	7	9	5	3
7	9	1	4	5	3	2	8	6
3	5	8	9	2	6	1	7	4
4	1	2	7	6	8	5	3	9
9	8	5	2	3	1	4	6	7
6	3	7	5	4	9	8	2	1
1	7	3	8	9	2	6	4	5
5	2	9	6	7	4	3	1	8
8	6	4	3	1	5	7	9	2

411

1	3	4	8	2	6	9	5	7
7	2	5	3	4	9	1	6	8
9	6	8	7	1	5	3	2	4
4	9	1	6	8	3	5	7	2
6	7	3	9	5	2	8	4	1
5	8	2	4	7	1	6	3	9
8	1	6	2	3	4	7	9	5
2	5	9	1	6	7	4	8	3
3	4	7	5	9	8	2	1	6

412

8	6	4	1	2	3	7	5	9
9	5	2	6	7	4	3	1	8
1	3	7	5	9	8	2	4	6
6	1	3	9	4	5	8	7	2
4	8	9	2	3	7	5	6	1
7	2	5	8	1	6	9	3	4
3	9	8	7	6	1	4	2	5
5	4	1	3	8	2	6	9	7
2	7	6	4	5	9	1	8	3

413

2	5	6	9	1	8	4	7	3
7	1	4	3	2	6	8	9	5
9	3	8	7	5	4	6	2	1
1	7	5	8	4	2	9	3	6
3	8	2	1	6	9	5	4	7
4	6	9	5	3	7	1	8	2
5	9	1	2	8	3	7	6	4
6	2	7	4	9	5	3	1	8
8	4	3	6	7	1	2	5	9

414

3	4	2	7	9	1	5	8	6
9	7	1	8	6	5	2	3	4
5	8	6	2	4	3	1	7	9
4	3	8	5	1	7	9	6	2
1	9	7	4	2	6	8	5	3
6	2	5	9	3	8	7	4	1
8	6	9	3	5	2	4	1	7
2	5	3	1	7	4	6	9	8
7	1	4	6	8	9	3	2	5

415

8	3	6	1	7	9	2	5	4
4	7	5	2	8	6	3	1	9
1	2	9	5	4	3	8	7	6
5	9	7	3	1	4	6	2	8
6	1	8	9	5	2	7	4	3
2	4	3	7	6	8	1	9	5
7	5	4	6	3	1	9	8	2
9	6	1	8	2	5	4	3	7
3	8	2	4	9	7	5	6	1

416

3	8	1	6	2	5	7	4	9
7	6	2	1	9	4	5	8	3
9	4	5	3	8	7	6	2	1
8	5	7	9	4	3	1	6	2
2	3	4	7	1	6	9	5	8
6	1	9	2	5	8	3	7	4
5	2	6	8	3	9	4	1	7
4	9	8	5	7	1	2	3	6
1	7	3	4	6	2	8	9	5

417

3	8	2	9	1	4	5	7	6
7	1	9	8	5	6	2	4	3
6	5	4	3	7	2	1	8	9
9	3	7	1	8	5	4	6	2
1	4	8	6	2	9	7	3	5
2	6	5	4	3	7	9	1	8
5	7	3	2	4	8	6	9	1
4	9	1	5	6	3	8	2	7
8	2	6	7	9	1	3	5	4

418

8	7	3	5	6	1	2	9	4
9	1	4	3	8	2	5	6	7
2	6	5	7	4	9	8	3	1
5	2	9	1	3	7	6	4	8
6	3	1	4	5	8	9	7	2
4	8	7	2	9	6	3	1	5
3	5	8	6	7	4	1	2	9
7	9	2	8	1	3	4	5	6
1	4	6	9	2	5	7	8	3

419

2	7	6	8	9	3	5	1	4
4	1	8	5	7	6	3	2	9
5	3	9	1	2	4	6	8	7
8	4	7	3	5	1	2	9	6
3	6	5	2	8	9	4	7	1
1	9	2	4	6	7	8	5	3
9	5	4	7	3	8	1	6	2
7	8	3	6	1	2	9	4	5
6	2	1	9	4	5	7	3	8

420

6	7	5	1	8	3	2	4	9
1	8	2	5	4	9	6	3	7
4	9	3	6	2	7	5	8	1
2	1	9	3	5	4	8	7	6
3	5	7	8	1	6	9	2	4
8	6	4	7	9	2	1	5	3
5	3	1	4	6	8	7	9	2
7	2	8	9	3	1	4	6	5
9	4	6	2	7	5	3	1	8

421

1	4	9	3	7	2	6	8	5
2	6	8	9	1	5	3	7	4
3	5	7	6	8	4	1	9	2
5	3	2	4	9	6	8	1	7
8	7	4	5	3	1	9	2	6
6	9	1	7	2	8	5	4	3
9	8	3	2	5	7	4	6	1
4	2	5	1	6	9	7	3	8
7	1	6	8	4	3	2	5	9

422

3	2	6	4	9	7	1	5	8
9	7	8	5	2	1	4	6	3
4	5	1	6	3	8	2	7	9
6	3	7	8	4	9	5	1	2
2	4	9	7	1	5	3	8	6
1	8	5	3	6	2	7	9	4
5	1	2	9	8	4	6	3	7
8	6	4	1	7	3	9	2	5
7	9	3	2	5	6	8	4	1

423

4	2	1	3	7	5	9	8	6
5	7	6	9	8	4	3	2	1
9	3	8	6	2	1	4	7	5
7	1	5	4	3	9	2	6	8
2	6	4	7	5	8	1	3	9
8	9	3	1	6	2	7	5	4
1	8	7	5	9	3	6	4	2
6	5	9	2	4	7	8	1	3
3	4	2	8	1	6	5	9	7

424

9	4	8	2	5	1	3	6	7
2	3	7	4	6	9	8	1	5
1	6	5	7	8	3	2	9	4
3	5	9	1	7	4	6	2	8
6	7	1	8	9	2	5	4	3
8	2	4	5	3	6	1	7	9
7	8	2	6	4	5	9	3	1
4	1	3	9	2	8	7	5	6
5	9	6	3	1	7	4	8	2

425

4	7	5	9	1	8	6	3	2
2	6	9	7	3	4	8	5	1
3	8	1	5	6	2	4	7	9
5	4	3	8	9	7	1	2	6
8	2	7	1	5	6	3	9	4
1	9	6	4	2	3	5	8	7
9	5	2	3	4	1	7	6	8
6	1	8	2	7	5	9	4	3
7	3	4	6	8	9	2	1	5

426

5	2	3	9	4	8	6	1	7
8	7	9	6	3	1	4	2	5
4	1	6	5	7	2	3	9	8
2	9	4	8	1	3	7	5	6
3	5	1	7	9	6	8	4	2
7	6	8	2	5	4	9	3	1
9	8	5	3	2	7	1	6	4
1	3	7	4	6	5	2	8	9
6	4	2	1	8	9	5	7	3

427

4	5	3	2	6	8	7	1	9
1	2	9	4	5	7	3	6	8
8	6	7	9	3	1	5	4	2
5	9	4	3	1	2	8	7	6
7	8	6	5	9	4	2	3	1
2	3	1	7	8	6	9	5	4
3	4	2	6	7	9	1	8	5
9	1	5	8	4	3	6	2	7
6	7	8	1	2	5	4	9	3

428

7	5	2	9	6	3	8	4	1
9	3	8	7	1	4	6	5	2
4	6	1	5	2	8	7	9	3
2	7	6	8	3	5	9	1	4
8	4	3	1	7	9	5	2	6
1	9	5	6	4	2	3	7	8
5	8	4	3	9	1	2	6	7
6	2	9	4	8	7	1	3	5
3	1	7	2	5	6	4	8	9

429

8	5	2	4	3	9	1	6	7
1	7	9	8	5	6	3	2	4
3	4	6	2	7	1	5	9	8
5	3	4	9	1	7	2	8	6
7	2	8	5	6	4	9	1	3
6	9	1	3	2	8	7	4	5
9	1	3	6	8	5	4	7	2
4	6	5	7	9	2	8	3	1
2	8	7	1	4	3	6	5	9

430

8	3	7	5	6	1	9	4	2
1	5	2	8	4	9	3	7	6
9	6	4	3	2	7	8	5	1
3	9	5	6	8	2	4	1	7
7	4	6	9	1	5	2	8	3
2	1	8	4	7	3	5	6	9
5	7	9	1	3	8	6	2	4
6	2	3	7	5	4	1	9	8
4	8	1	2	9	6	7	3	5

431

8	7	3	5	9	1	6	4	2
1	6	9	4	3	2	7	5	8
4	2	5	8	7	6	3	9	1
7	5	6	9	2	3	8	1	4
9	4	1	7	8	5	2	6	3
3	8	2	6	1	4	9	7	5
5	9	8	2	4	7	1	3	6
2	3	4	1	6	9	5	8	7
6	1	7	3	5	8	4	2	9

432

9	8	7	4	5	6	3	1	2
3	5	1	7	2	8	6	4	9
2	6	4	1	3	9	5	7	8
8	2	5	9	1	3	4	6	7
6	7	3	8	4	2	9	5	1
1	4	9	5	6	7	2	8	3
5	3	6	2	8	1	7	9	4
7	1	2	6	9	4	8	3	5
4	9	8	3	7	5	1	2	6

433

3	5	2	9	8	1	6	7	4
7	4	6	5	3	2	9	1	8
8	1	9	7	6	4	2	3	5
4	7	8	1	5	9	3	2	6
2	3	5	4	7	6	8	9	1
9	6	1	8	2	3	5	4	7
6	8	4	2	9	7	1	5	3
5	9	7	3	1	8	4	6	2
1	2	3	6	4	5	7	8	9

434

1	8	4	6	2	7	3	5	9
7	5	6	3	1	9	8	2	4
3	2	9	4	5	8	1	7	6
4	7	8	5	6	2	9	1	3
2	9	5	8	3	1	6	4	7
6	1	3	7	9	4	2	8	5
8	4	1	9	7	3	5	6	2
5	3	7	2	8	6	4	9	1
9	6	2	1	4	5	7	3	8

435

7	9	3	1	6	2	8	4	5
8	6	5	3	4	9	1	2	7
4	1	2	8	5	7	9	3	6
2	4	8	5	3	1	6	7	9
9	3	1	2	7	6	5	8	4
6	5	7	4	9	8	2	1	3
5	8	9	7	1	4	3	6	2
3	2	4	6	8	5	7	9	1
1	7	6	9	2	3	4	5	8

436

7	6	9	8	1	3	2	5	4
2	1	4	6	9	5	3	8	7
5	3	8	7	4	2	6	9	1
3	5	2	4	6	1	9	7	8
8	7	6	3	5	9	1	4	2
4	9	1	2	7	8	5	3	6
9	2	3	1	8	4	7	6	5
1	8	7	5	3	6	4	2	9
6	4	5	9	2	7	8	1	3

437

2	8	6	9	3	5	7	1	4
1	7	9	2	6	4	5	3	8
3	5	4	1	8	7	9	2	6
8	6	2	3	7	9	4	5	1
7	4	3	8	5	1	2	6	9
5	9	1	4	2	6	8	7	3
9	2	7	6	4	3	1	8	5
4	3	5	7	1	8	6	9	2
6	1	8	5	9	2	3	4	7

438

2	5	8	4	6	7	3	1	9
6	1	7	8	9	3	5	4	2
4	3	9	1	2	5	7	6	8
3	9	6	2	1	4	8	5	7
8	2	4	7	5	6	1	9	3
1	7	5	9	3	8	4	2	6
5	8	2	3	4	9	6	7	1
9	6	3	5	7	1	2	8	4
7	4	1	6	8	2	9	3	5

439

1	9	5	3	8	4	2	6	7
8	3	6	5	2	7	9	1	4
7	2	4	9	6	1	8	3	5
3	5	7	8	4	6	1	2	9
4	6	9	2	1	5	7	8	3
2	8	1	7	3	9	5	4	6
9	4	3	1	7	2	6	5	8
5	1	8	6	9	3	4	7	2
6	7	2	4	5	8	3	9	1

440

6	8	9	1	5	2	4	7	3
2	3	1	6	4	7	8	9	5
7	4	5	9	8	3	2	6	1
9	1	6	5	3	4	7	8	2
3	2	8	7	9	6	1	5	4
5	7	4	2	1	8	9	3	6
4	5	2	3	7	9	6	1	8
8	9	3	4	6	1	5	2	7
1	6	7	8	2	5	3	4	9

441

4	2	8	1	3	7	6	5	9
1	3	7	5	9	6	4	2	8
9	5	6	8	4	2	1	7	3
6	7	9	4	8	1	2	3	5
8	4	3	7	2	5	9	1	6
5	1	2	3	6	9	7	8	4
3	6	5	2	7	4	8	9	1
2	8	4	9	1	3	5	6	7
7	9	1	6	5	8	3	4	2

442

4	3	5	1	6	9	8	2	7
9	2	8	5	3	7	4	1	6
7	6	1	2	4	8	3	5	9
5	9	6	8	1	4	2	7	3
2	1	7	3	9	5	6	8	4
3	8	4	7	2	6	5	9	1
1	5	2	4	7	3	9	6	8
8	4	9	6	5	1	7	3	2
6	7	3	9	8	2	1	4	5

443

6	7	2	8	3	9	5	4	1
3	5	4	2	1	6	8	9	7
9	8	1	7	5	4	3	6	2
1	6	5	4	7	3	2	8	9
4	9	3	5	8	2	7	1	6
8	2	7	9	6	1	4	5	3
2	3	8	6	9	5	1	7	4
7	4	6	1	2	8	9	3	5
5	1	9	3	4	7	6	2	8

444

4	7	9	8	6	5	3	1	2
2	8	5	3	9	1	7	6	4
1	6	3	7	4	2	5	8	9
5	3	6	4	8	7	9	2	1
9	2	4	5	1	6	8	7	3
8	1	7	2	3	9	4	5	6
7	5	1	9	2	3	6	4	8
6	9	8	1	5	4	2	3	7
3	4	2	6	7	8	1	9	5

445

2	1	9	4	7	6	8	5	3
7	4	6	8	5	3	9	1	2
8	3	5	1	9	2	4	6	7
4	2	3	6	1	8	7	9	5
9	6	1	7	4	5	2	3	8
5	7	8	3	2	9	6	4	1
1	9	7	5	8	4	3	2	6
3	5	2	9	6	7	1	8	4
6	8	4	2	3	1	5	7	9

446

9	4	6	3	8	2	1	7	5
2	7	5	1	4	6	9	8	3
3	8	1	5	7	9	6	4	2
8	2	4	7	1	5	3	9	6
6	3	7	9	2	4	8	5	1
1	5	9	8	6	3	7	2	4
7	9	3	2	5	1	4	6	8
4	1	2	6	9	8	5	3	7
5	6	8	4	3	7	2	1	9

447

5	3	4	2	9	8	6	7	1
8	6	2	3	1	7	4	9	5
7	1	9	6	4	5	2	8	3
2	5	7	8	6	3	1	4	9
4	9	3	5	2	1	7	6	8
6	8	1	9	7	4	5	3	2
9	4	6	1	8	2	3	5	7
3	2	8	7	5	6	9	1	4
1	7	5	4	3	9	8	2	6

448

7	6	3	4	1	8	2	9	5
4	9	8	5	2	7	3	6	1
1	5	2	6	9	3	4	7	8
8	7	6	1	3	4	5	2	9
2	3	4	8	5	9	6	1	7
9	1	5	2	7	6	8	4	3
6	2	7	3	8	1	9	5	4
3	4	1	9	6	5	7	8	2
5	8	9	7	4	2	1	3	6

449

8	5	6	7	9	2	4	3	1
7	9	4	6	3	1	5	8	2
3	2	1	5	4	8	7	6	9
4	1	9	3	8	7	2	5	6
6	3	7	2	1	5	8	9	4
5	8	2	4	6	9	3	1	7
2	4	3	9	5	6	1	7	8
9	7	8	1	2	3	6	4	5
1	6	5	8	7	4	9	2	3

450

6	4	7	3	1	9	5	2	8
5	8	1	7	2	6	4	3	9
3	2	9	5	8	4	7	1	6
2	3	8	6	9	5	1	4	7
7	9	4	1	3	8	6	5	2
1	6	5	4	7	2	8	9	3
9	1	2	8	5	7	3	6	4
4	7	3	9	6	1	2	8	5
8	5	6	2	4	3	9	7	1

451

7	2	8	5	9	4	6	3	1
1	3	4	2	6	7	8	5	9
9	6	5	3	8	1	4	7	2
2	7	1	6	4	9	5	8	3
3	8	9	7	2	5	1	4	6
4	5	6	1	3	8	9	2	7
8	1	7	9	5	3	2	6	4
6	4	3	8	1	2	7	9	5
5	9	2	4	7	6	3	1	8

452

7	3	4	2	8	9	5	1	6
2	1	5	7	3	6	4	8	9
6	8	9	1	5	4	2	3	7
9	2	1	5	6	8	7	4	3
3	5	8	9	4	7	6	2	1
4	6	7	3	2	1	8	9	5
1	7	6	4	9	2	3	5	8
8	4	3	6	1	5	9	7	2
5	9	2	8	7	3	1	6	4

453

3	4	7	5	2	1	8	9	6
8	6	5	9	4	3	2	7	1
9	2	1	7	6	8	5	4	3
6	7	2	8	3	5	4	1	9
5	9	3	1	7	4	6	8	2
1	8	4	6	9	2	7	3	5
7	5	6	3	8	9	1	2	4
4	1	9	2	5	7	3	6	8
2	3	8	4	1	6	9	5	7

454

6	7	9	5	1	2	4	8	3
2	3	1	7	8	4	6	9	5
5	8	4	3	9	6	7	1	2
4	2	8	1	7	9	5	3	6
3	1	5	2	6	8	9	7	4
7	9	6	4	3	5	1	2	8
8	5	2	9	4	1	3	6	7
1	4	7	6	2	3	8	5	9
9	6	3	8	5	7	2	4	1

455

5	9	8	6	2	1	7	4	3
2	1	6	4	7	3	9	8	5
3	4	7	8	5	9	2	1	6
4	3	2	5	8	7	6	9	1
9	8	5	2	1	6	4	3	7
7	6	1	9	3	4	8	5	2
8	7	4	3	6	5	1	2	9
1	5	9	7	4	2	3	6	8
6	2	3	1	9	8	5	7	4

456

2	7	4	9	6	5	1	8	3
3	5	6	8	7	1	9	2	4
1	9	8	2	4	3	7	5	6
7	8	1	5	2	4	6	3	9
5	2	9	1	3	6	4	7	8
4	6	3	7	8	9	2	1	5
9	3	2	4	1	8	5	6	7
8	4	7	6	5	2	3	9	1
6	1	5	3	9	7	8	4	2

457

3	8	9	4	6	5	2	1	7
2	5	1	9	8	7	4	6	3
7	4	6	3	1	2	9	5	8
5	1	3	2	9	8	7	4	6
8	7	4	5	3	6	1	9	2
9	6	2	1	7	4	8	3	5
1	3	5	8	2	9	6	7	4
6	9	8	7	4	3	5	2	1
4	2	7	6	5	1	3	8	9

458

2	6	3	1	9	8	7	4	5
4	5	1	3	2	7	8	9	6
7	8	9	6	4	5	1	3	2
9	3	8	5	7	4	2	6	1
6	7	5	9	1	2	4	8	3
1	2	4	8	6	3	5	7	9
8	1	2	7	3	9	6	5	4
5	9	6	4	8	1	3	2	7
3	4	7	2	5	6	9	1	8

459

5	8	4	7	9	1	3	6	2
6	2	7	8	4	3	5	9	1
9	1	3	5	2	6	4	8	7
7	5	8	6	3	4	1	2	9
3	6	1	2	8	9	7	4	5
4	9	2	1	7	5	6	3	8
8	7	5	3	6	2	9	1	4
1	4	6	9	5	8	2	7	3
2	3	9	4	1	7	8	5	6

460

2	7	1	6	8	4	3	9	5
9	3	8	5	2	7	6	1	4
5	4	6	3	9	1	7	2	8
3	1	9	8	6	2	4	5	7
7	8	5	9	4	3	1	6	2
6	2	4	7	1	5	8	3	9
8	5	7	2	3	6	9	4	1
1	6	2	4	7	9	5	8	3
4	9	3	1	5	8	2	7	6

461

8	3	4	7	9	6	5	2	1
9	5	7	1	4	2	3	6	8
6	1	2	3	8	5	7	4	9
1	6	5	9	7	8	2	3	4
2	8	9	6	3	4	1	7	5
7	4	3	2	5	1	8	9	6
3	9	1	5	6	7	4	8	2
5	7	8	4	2	9	6	1	3
4	2	6	8	1	3	9	5	7

462

4	8	6	9	3	7	5	2	1
1	9	3	8	5	2	4	7	6
5	2	7	4	1	6	9	8	3
6	7	1	3	4	5	2	9	8
9	4	5	1	2	8	3	6	7
2	3	8	7	6	9	1	5	4
3	5	2	6	8	4	7	1	9
8	1	9	5	7	3	6	4	2
7	6	4	2	9	1	8	3	5

463

9	5	4	7	3	1	2	6	8
3	1	6	2	8	4	7	5	9
7	2	8	9	6	5	4	3	1
6	8	3	4	2	9	1	7	5
1	7	9	8	5	6	3	4	2
5	4	2	1	7	3	9	8	6
2	6	1	5	4	7	8	9	3
4	9	5	3	1	8	6	2	7
8	3	7	6	9	2	5	1	4

464

7	5	4	3	2	8	1	9	6
1	3	9	7	4	6	8	5	2
6	8	2	1	5	9	3	4	7
3	4	8	5	6	7	2	1	9
5	2	1	4	9	3	6	7	8
9	6	7	2	8	1	5	3	4
2	7	5	6	1	4	9	8	3
8	1	3	9	7	2	4	6	5
4	9	6	8	3	5	7	2	1

465

6	7	5	2	8	4	9	3	1
3	9	1	6	5	7	4	8	2
4	8	2	3	9	1	5	7	6
1	4	6	5	2	8	3	9	7
5	3	9	4	7	6	1	2	8
8	2	7	9	1	3	6	5	4
7	1	4	8	3	9	2	6	5
9	5	8	1	6	2	7	4	3
2	6	3	7	4	5	8	1	9

466

1	7	8	5	3	6	2	9	4
2	4	9	7	1	8	6	5	3
3	6	5	4	2	9	7	1	8
4	2	1	3	7	5	8	6	9
7	5	6	8	9	1	4	3	2
8	9	3	2	6	4	1	7	5
6	1	4	9	8	3	5	2	7
5	3	7	6	4	2	9	8	1
9	8	2	1	5	7	3	4	6

467

2	5	3	7	9	1	4	8	6
6	9	4	8	2	3	5	1	7
7	1	8	6	5	4	2	9	3
5	8	9	3	6	7	1	4	2
4	6	2	5	1	9	7	3	8
3	7	1	4	8	2	6	5	9
8	4	7	1	3	6	9	2	5
9	3	6	2	4	5	8	7	1
1	2	5	9	7	8	3	6	4

468

9	5	8	4	6	3	2	1	7
3	4	6	1	2	7	8	5	9
1	2	7	9	8	5	6	3	4
5	8	9	2	7	4	3	6	1
2	3	1	5	9	6	4	7	8
7	6	4	3	1	8	5	9	2
8	9	3	7	5	2	1	4	6
6	7	5	8	4	1	9	2	3
4	1	2	6	3	9	7	8	5

469

3	7	1	8	6	5	9	4	2
8	2	9	3	1	4	6	7	5
4	6	5	7	2	9	3	8	1
9	4	7	5	3	1	8	2	6
6	8	2	9	4	7	5	1	3
1	5	3	6	8	2	7	9	4
5	3	4	2	7	8	1	6	9
7	1	6	4	9	3	2	5	8
2	9	8	1	5	6	4	3	7

470

7	2	4	6	1	9	8	3	5
3	5	8	4	2	7	6	9	1
1	6	9	5	3	8	4	2	7
6	7	5	2	4	1	9	8	3
9	4	3	8	5	6	1	7	2
2	8	1	7	9	3	5	6	4
8	9	2	1	7	4	3	5	6
5	1	6	3	8	2	7	4	9
4	3	7	9	6	5	2	1	8

471

3	1	2	7	4	8	6	9	5
7	8	9	3	5	6	2	4	1
5	4	6	2	1	9	3	8	7
2	3	5	8	6	1	4	7	9
8	6	4	9	2	7	1	5	3
1	9	7	5	3	4	8	2	6
6	7	3	4	9	2	5	1	8
4	5	8	1	7	3	9	6	2
9	2	1	6	8	5	7	3	4

472

5	6	8	3	2	1	4	9	7
9	2	1	6	7	4	5	3	8
4	7	3	5	8	9	1	6	2
7	9	5	2	4	6	3	8	1
3	4	2	9	1	8	7	5	6
8	1	6	7	3	5	2	4	9
2	8	4	1	6	3	9	7	5
1	3	9	8	5	7	6	2	4
6	5	7	4	9	2	8	1	3

473

4	7	8	3	6	9	1	5	2
9	3	6	2	1	5	4	7	8
1	2	5	4	8	7	6	3	9
6	1	3	9	2	8	5	4	7
2	9	7	6	5	4	3	8	1
8	5	4	1	7	3	9	2	6
5	6	2	8	3	1	7	9	4
3	8	9	7	4	6	2	1	5
7	4	1	5	9	2	8	6	3

474

8	3	5	6	2	4	9	7	1
6	1	7	8	5	9	3	4	2
4	9	2	1	7	3	5	6	8
5	2	8	4	9	7	1	3	6
7	6	3	2	8	1	4	5	9
1	4	9	3	6	5	8	2	7
2	8	1	5	4	6	7	9	3
3	7	4	9	1	2	6	8	5
9	5	6	7	3	8	2	1	4

475

3	6	5	7	8	1	2	4	9
2	9	1	4	3	5	7	6	8
4	7	8	9	6	2	5	1	3
7	3	2	8	4	6	1	9	5
5	8	9	2	1	7	4	3	6
6	1	4	5	9	3	8	2	7
9	4	7	3	2	8	6	5	1
1	5	3	6	7	4	9	8	2
8	2	6	1	5	9	3	7	4

476

6	1	4	3	7	8	5	2	9
7	5	2	6	1	9	4	8	3
9	8	3	2	5	4	1	6	7
4	6	1	8	3	7	2	9	5
8	2	9	5	4	1	7	3	6
5	3	7	9	6	2	8	1	4
1	7	8	4	9	3	6	5	2
2	9	6	7	8	5	3	4	1
3	4	5	1	2	6	9	7	8

477

7	9	5	6	8	3	1	4	2
8	3	4	7	2	1	6	5	9
6	1	2	9	4	5	7	3	8
3	5	6	1	7	8	2	9	4
2	4	8	3	6	9	5	7	1
9	7	1	4	5	2	8	6	3
4	2	9	5	1	6	3	8	7
5	8	7	2	3	4	9	1	6
1	6	3	8	9	7	4	2	5

478

2	8	6	5	7	4	1	3	9
3	7	1	8	9	2	4	6	5
9	5	4	1	3	6	2	8	7
5	9	2	7	6	1	8	4	3
6	4	8	3	5	9	7	2	1
7	1	3	2	4	8	9	5	6
4	3	5	9	2	7	6	1	8
1	2	7	6	8	5	3	9	4
8	6	9	4	1	3	5	7	2

479

2	9	1	5	4	8	7	3	6
3	7	6	9	1	2	8	5	4
4	8	5	6	7	3	1	9	2
9	1	3	2	8	6	5	4	7
6	4	7	3	5	1	9	2	8
8	5	2	4	9	7	3	6	1
5	2	8	1	6	9	4	7	3
1	6	9	7	3	4	2	8	5
7	3	4	8	2	5	6	1	9

480

1	7	5	6	8	9	2	3	4
4	2	9	7	3	1	8	5	6
6	3	8	4	5	2	7	1	9
3	8	6	9	7	5	4	2	1
9	5	1	8	2	4	3	6	7
2	4	7	3	1	6	5	9	8
8	6	4	5	9	3	1	7	2
7	1	3	2	6	8	9	4	5
5	9	2	1	4	7	6	8	3

481

2	3	4	6	1	8	9	5	7
8	5	9	3	7	4	2	6	1
7	1	6	5	9	2	8	3	4
1	6	3	2	8	5	7	4	9
5	9	8	1	4	7	3	2	6
4	2	7	9	6	3	1	8	5
6	8	5	7	2	9	4	1	3
9	4	1	8	3	6	5	7	2
3	7	2	4	5	1	6	9	8

482

8	4	5	7	3	9	2	6	1
9	2	1	4	8	6	7	3	5
3	7	6	1	2	5	9	4	8
1	5	2	6	9	8	3	7	4
6	8	4	3	7	1	5	2	9
7	9	3	5	4	2	8	1	6
2	3	9	8	6	4	1	5	7
5	6	8	2	1	7	4	9	3
4	1	7	9	5	3	6	8	2

483

5	8	1	3	9	6	4	7	2
4	6	9	2	5	7	3	8	1
3	7	2	1	4	8	9	5	6
7	4	3	8	1	2	6	9	5
8	1	6	5	3	9	7	2	4
9	2	5	7	6	4	1	3	8
2	3	8	4	7	1	5	6	9
6	5	4	9	2	3	8	1	7
1	9	7	6	8	5	2	4	3

484

2	9	3	1	8	4	5	6	7
4	8	7	6	5	2	1	9	3
1	5	6	3	7	9	4	8	2
8	3	1	7	2	5	9	4	6
6	4	2	8	9	1	7	3	5
5	7	9	4	6	3	2	1	8
7	2	8	9	1	6	3	5	4
9	6	4	5	3	7	8	2	1
3	1	5	2	4	8	6	7	9

485

7	2	3	9	6	4	5	8	1
6	4	1	2	5	8	9	3	7
5	9	8	7	3	1	6	2	4
2	3	4	5	8	9	7	1	6
1	7	6	3	4	2	8	9	5
9	8	5	6	1	7	3	4	2
3	1	7	8	2	5	4	6	9
4	6	9	1	7	3	2	5	8
8	5	2	4	9	6	1	7	3

486

9	4	1	8	2	7	6	5	3
3	7	6	9	5	1	8	4	2
8	5	2	4	3	6	7	9	1
1	3	8	7	9	4	5	2	6
7	6	5	2	1	8	9	3	4
4	2	9	3	6	5	1	8	7
5	8	3	6	7	2	4	1	9
2	1	7	5	4	9	3	6	8
6	9	4	1	8	3	2	7	5

487

7	4	9	5	1	2	8	6	3
2	5	1	3	8	6	9	7	4
3	6	8	7	9	4	1	2	5
1	7	2	9	3	5	6	4	8
6	3	5	1	4	8	2	9	7
9	8	4	2	6	7	3	5	1
5	1	3	6	7	9	4	8	2
4	2	6	8	5	1	7	3	9
8	9	7	4	2	3	5	1	6

488

1	7	4	5	6	9	8	3	2
8	2	6	7	4	3	5	1	9
9	3	5	2	8	1	7	4	6
5	8	2	3	9	4	6	7	1
3	6	1	8	5	7	2	9	4
7	4	9	6	1	2	3	8	5
2	1	8	4	7	5	9	6	3
6	9	3	1	2	8	4	5	7
4	5	7	9	3	6	1	2	8

489

1	5	3	7	8	2	4	9	6
7	9	2	3	4	6	8	1	5
4	8	6	9	1	5	3	7	2
6	4	7	5	3	1	9	2	8
2	3	9	4	7	8	6	5	1
5	1	8	6	2	9	7	4	3
3	7	5	2	6	4	1	8	9
9	6	1	8	5	7	2	3	4
8	2	4	1	9	3	5	6	7

490

2	1	7	6	5	8	4	3	9
5	6	4	1	3	9	7	2	8
8	9	3	4	2	7	1	5	6
9	2	1	5	8	6	3	4	7
7	3	8	9	4	2	5	6	1
4	5	6	7	1	3	8	9	2
1	8	2	3	6	5	9	7	4
3	4	9	2	7	1	6	8	5
6	7	5	8	9	4	2	1	3

491

5	1	8	3	4	2	9	7	6
2	3	9	1	7	6	4	8	5
6	4	7	9	8	5	3	1	2
9	5	1	7	6	8	2	3	4
4	7	2	5	1	3	6	9	8
8	6	3	4	2	9	7	5	1
3	9	4	6	5	1	8	2	7
1	8	6	2	3	7	5	4	9
7	2	5	8	9	4	1	6	3

492

5	9	1	6	2	7	4	3	8
6	7	4	3	9	8	1	2	5
3	2	8	1	5	4	6	9	7
4	1	9	5	7	3	8	6	2
8	6	2	4	1	9	7	5	3
7	5	3	2	8	6	9	1	4
1	8	6	7	3	2	5	4	9
9	3	5	8	4	1	2	7	6
2	4	7	9	6	5	3	8	1

493

8	5	7	4	6	2	3	9	1
2	1	4	3	7	9	8	5	6
3	6	9	5	8	1	7	2	4
6	8	2	1	3	4	5	7	9
5	7	1	8	9	6	2	4	3
4	9	3	7	2	5	1	6	8
7	3	5	6	4	8	9	1	2
9	4	8	2	1	7	6	3	5
1	2	6	9	5	3	4	8	7

494

8	2	1	7	9	4	5	6	3
6	5	4	2	8	3	9	1	7
3	9	7	5	1	6	4	8	2
4	6	9	1	2	7	3	5	8
5	7	8	3	6	9	2	4	1
1	3	2	8	4	5	6	7	9
2	1	5	6	3	8	7	9	4
7	4	3	9	5	1	8	2	6
9	8	6	4	7	2	1	3	5

495

8	6	7	2	9	4	3	5	1
2	5	3	8	6	1	9	7	4
9	1	4	7	3	5	2	8	6
7	9	5	6	1	3	4	2	8
6	3	8	5	4	2	1	9	7
1	4	2	9	8	7	5	6	3
4	2	9	3	7	8	6	1	5
5	8	1	4	2	6	7	3	9
3	7	6	1	5	9	8	4	2

496

4	5	8	1	6	3	9	2	7
3	6	1	9	2	7	4	5	8
7	2	9	8	5	4	6	3	1
8	7	4	6	9	5	2	1	3
9	3	6	7	1	2	8	4	5
2	1	5	3	4	8	7	6	9
1	9	3	2	7	6	5	8	4
6	4	7	5	8	1	3	9	2
5	8	2	4	3	9	1	7	6

497

6	8	3	5	4	2	1	7	9
2	7	1	3	8	9	4	5	6
9	5	4	7	6	1	3	8	2
8	6	9	4	2	3	7	1	5
4	3	7	1	9	5	6	2	8
1	2	5	6	7	8	9	3	4
7	4	8	2	1	6	5	9	3
5	9	6	8	3	7	2	4	1
3	1	2	9	5	4	8	6	7

498

6	3	7	9	4	5	8	1	2
5	4	2	1	8	7	3	6	9
1	8	9	3	2	6	7	5	4
9	5	3	4	6	8	2	7	1
7	1	4	5	9	2	6	3	8
2	6	8	7	1	3	4	9	5
4	9	6	2	3	1	5	8	7
3	2	5	8	7	9	1	4	6
8	7	1	6	5	4	9	2	3

499

9	7	4	8	2	1	5	6	3
1	6	2	9	5	3	8	7	4
5	8	3	6	7	4	2	1	9
3	2	5	4	8	6	7	9	1
8	1	9	5	3	7	4	2	6
7	4	6	1	9	2	3	8	5
6	9	7	3	4	8	1	5	2
4	5	8	2	1	9	6	3	7
2	3	1	7	6	5	9	4	8

500

1	9	8	2	7	6	4	5	3
2	6	5	4	1	3	7	8	9
4	3	7	8	5	9	1	2	6
6	1	9	5	4	8	3	7	2
5	7	3	6	9	2	8	4	1
8	4	2	7	3	1	6	9	5
7	8	6	1	2	5	9	3	4
9	2	4	3	6	7	5	1	8
3	5	1	9	8	4	2	6	7

501

4	8	6	5	2	9	7	1	3
7	9	1	8	4	3	6	2	5
3	5	2	6	7	1	8	9	4
6	1	4	9	3	8	2	5	7
2	7	9	4	5	6	3	8	1
8	3	5	2	1	7	4	6	9
5	4	8	3	9	2	1	7	6
1	6	3	7	8	5	9	4	2
9	2	7	1	6	4	5	3	8

502

9	8	6	7	4	3	2	5	1
3	7	5	8	1	2	9	4	6
4	2	1	6	9	5	3	7	8
8	9	4	5	7	6	1	2	3
1	6	3	9	2	4	7	8	5
2	5	7	3	8	1	6	9	4
7	3	2	1	5	8	4	6	9
5	1	9	4	6	7	8	3	2
6	4	8	2	3	9	5	1	7

503

8	7	2	3	5	6	9	4	1
5	4	9	7	2	1	6	3	8
1	6	3	8	9	4	7	2	5
7	5	6	2	8	3	1	9	4
9	1	4	5	6	7	3	8	2
3	2	8	4	1	9	5	7	6
2	8	7	1	3	5	4	6	9
4	9	1	6	7	8	2	5	3
6	3	5	9	4	2	8	1	7

504

2	8	1	7	3	5	9	4	6
4	3	9	6	1	8	5	7	2
7	5	6	4	2	9	3	1	8
1	4	8	5	7	3	2	6	9
5	2	7	1	9	6	8	3	4
9	6	3	8	4	2	7	5	1
3	7	2	9	6	4	1	8	5
6	9	5	3	8	1	4	2	7
8	1	4	2	5	7	6	9	3

505

9	4	5	1	2	7	8	3	6
8	2	6	3	5	4	9	1	7
7	1	3	9	8	6	2	4	5
6	9	8	7	3	5	4	2	1
5	7	2	4	1	9	3	6	8
1	3	4	8	6	2	5	7	9
4	6	1	5	9	3	7	8	2
3	8	9	2	7	1	6	5	4
2	5	7	6	4	8	1	9	3

506

2	4	8	9	5	7	3	6	1
7	1	5	3	8	6	4	2	9
9	6	3	1	4	2	5	8	7
6	8	4	7	1	3	9	5	2
1	3	7	5	2	9	6	4	8
5	2	9	4	6	8	7	1	3
8	9	1	6	7	5	2	3	4
3	5	2	8	9	4	1	7	6
4	7	6	2	3	1	8	9	5

507

8	4	2	7	9	5	6	3	1
9	1	5	8	3	6	4	2	7
7	6	3	1	2	4	5	8	9
1	3	7	4	6	8	9	5	2
4	2	6	9	5	3	1	7	8
5	8	9	2	1	7	3	6	4
2	5	8	3	4	1	7	9	6
3	7	4	6	8	9	2	1	5
6	9	1	5	7	2	8	4	3

508

4	6	2	5	7	1	9	8	3
3	9	8	2	4	6	1	5	7
1	7	5	9	8	3	2	4	6
5	2	9	4	6	8	3	7	1
6	4	1	3	2	7	5	9	8
7	8	3	1	5	9	4	6	2
8	1	4	6	3	5	7	2	9
9	5	6	7	1	2	8	3	4
2	3	7	8	9	4	6	1	5

509

2	8	6	4	9	1	5	7	3
5	9	4	8	7	3	6	1	2
1	3	7	2	6	5	9	4	8
8	4	2	6	3	7	1	5	9
6	7	5	1	8	9	3	2	4
9	1	3	5	2	4	7	8	6
7	5	8	3	4	6	2	9	1
4	6	1	9	5	2	8	3	7
3	2	9	7	1	8	4	6	5

510

7	5	4	6	1	3	8	9	2
9	8	1	2	5	7	4	6	3
2	6	3	8	9	4	1	7	5
8	3	6	7	4	2	9	5	1
5	1	7	3	8	9	6	2	4
4	9	2	5	6	1	7	3	8
6	2	8	4	7	5	3	1	9
1	7	5	9	3	8	2	4	6
3	4	9	1	2	6	5	8	7

511

1	7	2	8	5	6	9	3	4
9	4	6	7	3	2	8	1	5
3	8	5	9	1	4	2	7	6
5	1	8	6	2	7	3	4	9
7	9	3	4	8	1	5	6	2
6	2	4	5	9	3	1	8	7
8	5	7	3	4	9	6	2	1
4	3	1	2	6	5	7	9	8
2	6	9	1	7	8	4	5	3

512

7	2	1	9	4	5	3	8	6
3	4	9	1	6	8	2	7	5
6	5	8	3	7	2	1	9	4
2	8	7	5	1	9	4	6	3
5	3	4	7	2	6	8	1	9
1	9	6	8	3	4	7	5	2
4	7	2	6	5	1	9	3	8
8	6	3	2	9	7	5	4	1
9	1	5	4	8	3	6	2	7

513

7	8	6	1	9	4	3	2	5
1	3	9	8	5	2	7	4	6
5	2	4	7	3	6	9	8	1
9	4	3	6	7	5	8	1	2
2	7	8	9	4	1	6	5	3
6	5	1	3	2	8	4	9	7
3	1	5	4	6	9	2	7	8
8	9	7	2	1	3	5	6	4
4	6	2	5	8	7	1	3	9

514

8	7	1	4	9	3	5	2	6
2	3	9	7	6	5	1	8	4
4	6	5	2	8	1	7	3	9
3	5	4	8	7	9	6	1	2
1	9	8	5	2	6	4	7	3
6	2	7	3	1	4	8	9	5
9	4	3	1	5	7	2	6	8
5	1	2	6	3	8	9	4	7
7	8	6	9	4	2	3	5	1

515

4	2	6	7	1	5	8	3	9
1	8	9	4	6	3	5	7	2
5	3	7	8	2	9	1	6	4
8	4	2	9	5	6	7	1	3
7	6	3	1	4	2	9	5	8
9	1	5	3	7	8	4	2	6
6	5	1	2	9	4	3	8	7
2	9	8	5	3	7	6	4	1
3	7	4	6	8	1	2	9	5

516

3	8	9	2	4	6	7	5	1
2	5	4	7	8	1	6	3	9
7	1	6	9	5	3	4	8	2
1	6	8	3	9	7	2	4	5
9	3	2	4	6	5	1	7	8
4	7	5	1	2	8	3	9	6
6	9	7	8	1	4	5	2	3
8	4	1	5	3	2	9	6	7
5	2	3	6	7	9	8	1	4

517

9	5	1	2	7	6	4	3	8
3	7	2	9	8	4	6	5	1
8	6	4	1	5	3	9	2	7
2	4	8	7	1	9	3	6	5
1	3	6	5	4	8	7	9	2
7	9	5	6	3	2	8	1	4
4	1	9	8	6	5	2	7	3
5	2	3	4	9	7	1	8	6
6	8	7	3	2	1	5	4	9

518

9	7	1	3	6	5	8	4	2
6	4	3	7	8	2	1	9	5
8	2	5	4	1	9	6	3	7
5	9	6	8	7	3	4	2	1
4	8	2	6	9	1	5	7	3
1	3	7	5	2	4	9	6	8
2	6	4	1	3	8	7	5	9
3	5	8	9	4	7	2	1	6
7	1	9	2	5	6	3	8	4

519

7	1	8	5	2	6	4	9	3
3	4	2	7	8	9	5	6	1
9	6	5	1	3	4	8	2	7
4	3	9	8	5	1	2	7	6
5	7	1	9	6	2	3	4	8
2	8	6	4	7	3	9	1	5
8	5	4	2	1	7	6	3	9
1	2	3	6	9	8	7	5	4
6	9	7	3	4	5	1	8	2

520

3	5	7	9	8	6	1	4	2
2	1	6	5	3	4	8	9	7
4	9	8	2	1	7	3	6	5
1	2	4	7	6	9	5	3	8
7	6	3	1	5	8	9	2	4
5	8	9	3	4	2	7	1	6
8	3	2	4	7	1	6	5	9
9	7	5	6	2	3	4	8	1
6	4	1	8	9	5	2	7	3

521

5	7	8	1	4	6	2	3	9
2	4	6	9	7	3	8	5	1
1	3	9	2	8	5	4	7	6
6	5	3	4	9	2	7	1	8
9	8	7	3	5	1	6	4	2
4	2	1	7	6	8	5	9	3
3	9	4	8	2	7	1	6	5
8	1	5	6	3	4	9	2	7
7	6	2	5	1	9	3	8	4

522

3	9	5	7	4	1	2	6	8
7	6	4	5	8	2	9	1	3
1	2	8	6	9	3	4	5	7
8	1	3	4	6	9	7	2	5
4	7	2	3	5	8	1	9	6
9	5	6	1	2	7	8	3	4
5	3	9	2	7	4	6	8	1
6	8	7	9	1	5	3	4	2
2	4	1	8	3	6	5	7	9

523

4	9	2	5	6	7	1	3	8
1	7	5	2	8	3	9	4	6
6	8	3	4	1	9	5	2	7
2	3	4	8	7	5	6	9	1
5	1	9	6	3	4	8	7	2
8	6	7	9	2	1	4	5	3
3	5	6	7	9	8	2	1	4
7	4	8	1	5	2	3	6	9
9	2	1	3	4	6	7	8	5

524

7	5	4	3	6	2	9	1	8
9	1	8	5	4	7	2	3	6
6	3	2	1	8	9	7	4	5
2	9	7	8	1	4	6	5	3
1	8	6	9	3	5	4	2	7
3	4	5	2	7	6	8	9	1
5	7	1	4	9	8	3	6	2
8	2	9	6	5	3	1	7	4
4	6	3	7	2	1	5	8	9

525

9	2	6	8	7	1	3	5	4
7	8	4	2	5	3	1	9	6
3	5	1	9	4	6	8	7	2
8	1	9	4	6	7	2	3	5
5	4	7	1	3	2	6	8	9
2	6	3	5	8	9	7	4	1
6	7	5	3	2	4	9	1	8
1	3	8	6	9	5	4	2	7
4	9	2	7	1	8	5	6	3

526

3	1	9	2	5	6	7	4	8
2	5	6	8	7	4	9	3	1
7	4	8	1	9	3	5	2	6
8	2	5	9	3	7	6	1	4
4	3	7	6	2	1	8	5	9
9	6	1	4	8	5	3	7	2
5	9	2	3	1	8	4	6	7
1	7	4	5	6	9	2	8	3
6	8	3	7	4	2	1	9	5

527

9	3	4	7	2	1	5	8	6
7	5	2	4	8	6	1	3	9
8	1	6	5	3	9	7	2	4
6	4	5	8	7	3	2	9	1
3	2	8	1	9	5	4	6	7
1	7	9	6	4	2	8	5	3
5	8	7	3	6	4	9	1	2
2	6	1	9	5	7	3	4	8
4	9	3	2	1	8	6	7	5

528

5	1	7	4	9	8	3	6	2
6	4	2	5	1	3	7	9	8
8	3	9	6	7	2	1	4	5
7	9	6	1	5	4	8	2	3
2	5	3	8	6	7	4	1	9
4	8	1	2	3	9	6	5	7
3	7	4	9	2	1	5	8	6
9	6	8	7	4	5	2	3	1
1	2	5	3	8	6	9	7	4

529

6	8	7	4	2	5	9	1	3
1	5	3	8	9	7	2	4	6
9	2	4	1	6	3	8	5	7
4	6	5	7	8	1	3	2	9
3	9	1	2	5	6	7	8	4
8	7	2	9	3	4	1	6	5
2	4	8	5	7	9	6	3	1
5	3	9	6	1	8	4	7	2
7	1	6	3	4	2	5	9	8

530

8	3	6	1	7	4	9	2	5
2	4	9	3	5	6	7	1	8
7	1	5	9	8	2	4	6	3
9	8	1	6	3	7	2	5	4
6	7	4	2	1	5	3	8	9
5	2	3	8	4	9	6	7	1
3	6	2	5	9	1	8	4	7
4	5	8	7	6	3	1	9	2
1	9	7	4	2	8	5	3	6

531

5	9	1	3	8	4	6	2	7
2	3	7	5	1	6	4	9	8
4	8	6	7	2	9	1	5	3
6	2	4	9	5	3	8	7	1
9	7	3	1	4	8	2	6	5
8	1	5	2	6	7	3	4	9
7	4	9	6	3	1	5	8	2
1	5	8	4	9	2	7	3	6
3	6	2	8	7	5	9	1	4

532

9	8	6	5	4	1	3	7	2
3	2	4	9	6	7	5	8	1
1	7	5	2	3	8	6	4	9
4	3	1	7	5	6	2	9	8
5	6	7	8	9	2	1	3	4
2	9	8	4	1	3	7	6	5
6	4	9	1	7	5	8	2	3
8	5	3	6	2	9	4	1	7
7	1	2	3	8	4	9	5	6

533

6	3	2	8	9	4	1	7	5
7	5	8	6	2	1	9	4	3
4	1	9	5	3	7	8	2	6
9	7	4	1	6	3	2	5	8
2	6	5	9	7	8	3	1	4
3	8	1	4	5	2	6	9	7
1	2	3	7	4	6	5	8	9
8	9	7	3	1	5	4	6	2
5	4	6	2	8	9	7	3	1

534

1	9	8	6	3	5	4	2	7
6	3	4	2	8	7	5	1	9
5	2	7	1	9	4	3	6	8
3	1	5	8	7	2	9	4	6
7	6	2	3	4	9	8	5	1
4	8	9	5	1	6	7	3	2
9	5	1	7	6	3	2	8	4
2	4	6	9	5	8	1	7	3
8	7	3	4	2	1	6	9	5

WHAT IS MENSA?

Mensa®
The High IQ Society

Mensa is the international society for people with a high IQ. We have more than 100,000 members in over 40 countries worldwide.

The society's aims are:
- to identify and foster human intelligence for the benefit of humanity;
- to encourage research in the nature, characteristics, and uses of intelligence;
- to provide a stimulating intellectual and social environment for its members.

Anyone with an IQ score in the top two percent of the population is eligible to become a member of Mensa—are you the "one in 50" we've been looking for?

Mensa membership offers an excellent range of benefits:
- Networking and social activities nationally and around the world;
- Special Interest Groups (hundreds of chances to pursue your hobbies and interests—from art to zoology!);
- Monthly International Journal, national magazines, and regional newsletters;
- Local meetings—from game challenges to food and drink;
- National and international weekend gatherings and conferences;
- Intellectually stimulating lectures and seminars;
- Access to the worldwide SIGHT network for travelers and hosts.

For more information about Mensa International:

www.mensa.org

Telephone: +44 1400 272675
e-mail: enquiries@mensa.org
Mensa International Ltd.
Slate Barn
Church Lane
Caythorpe, Lincs NG32 3EL
United Kingdom

For more information about American Mensa:

www.us.mensa.org

Telephone: 1-800-66-MENSA
American Mensa Ltd.
1229 Corporate Drive West
Arlington, TX 76006-6103 USA

For more information about British Mensa (UK and Ireland):

www.mensa.org.uk

Telephone: +44 (0) 1902 772771
e-mail: enquiries@mensa.org.uk
British Mensa Ltd.
St. John's House
St. John's Square
Wolverhampton WV2 4AH
United Kingdom

For more information about Australian Mensa:

www.mensa.org.au

Telephone: +61 1902 260 594
e-mail: info@mensa.org.au
Australian Mensa Inc.
PO Box 212
Darlington WA 6070 Australia